Johannes Lehmann
Caracalla & Kohorten

Feldlager bei den Römertagen
in Aalen

Johannes Lehmann

Caracalla & Kohorten

Reise zu den Römern in Südwestdeutschland

Silberburg·Verlag

Dr. Johannes Lehmann, geboren 1929 in Madras (Indien) als Sohn eines Missionars, studierte in Halle, Westberlin und Edinburgh Publizistik, Philosophie, Theologie und Psychologie. Er war Redakteur beim Süddeutschen Rundfunk in Stuttgart, wo er unter anderem jahrzehntelang die Sendung »Die Bücherbar« verantwortete. Daneben hat sich Lehmann als Autor erfolgreicher Sachbücher einen Namen gemacht (»Barbarossa & Co.«, »Unser armer Schiller«, »Jesus-Report«, »Die Jesus-GmbH«, »Moses«, »Buddha«, »Die Hethiter«, »Die Staufer« und viele andere).

1 2 3 4 5   08 07 06 05 04

© 2004 by Silberburg-Verlag Titus Häussermann GmbH, Schönbuchstraße 48, D-72074 Tübingen.

Umschlag: Frank Butzer, Tübingen, unter Verwendung von Fotografien von Rainer Fieselmann (Hintergrund) und Ulrich Sauerborn.

Gestaltung und Satz: hundert2prozent, Stuttgart Birgit Hermann, Simone Kienle.

Reproduktionen: Repro-Schmid, Stuttgart.

Druck: Grammlich, Pliezhausen.

Printed in Germany.

ISBN 3-87407-578-8

Besuchen Sie uns im Internet und entdecken Sie die Vielfalt unseres Verlagsprogramms: **www.silberburg.de**

**Vorderes Vorsatzpapier:
Die villa rustica in Hechingen-Stein**

Inhalt

Das Thema

Johannes Lehmann

Sie waren die Herren des ganzen Weltkreises, sie besaßen rund um das Mittelmeer über 40 Provinzen vom Nahen Osten bis zum Schwarzen und dem Kaspischen Meer, die gesamte nordafrikanische Küste und Spanien – alles klimatisch angenehme Gebiete, die mit dem Schiff erreichbar waren und wie ein Kranz um den italienischen Stiefel herumlagen. Gebiet um Gebiet war im Lauf der Jahrhunderte dazugekommen.

Die letzte Lücke im Kranz der Provinzen hatte Julius Cäsar geschlossen, als er um 50 vor Christus Gallien eroberte, ein Gebiet, das vom Rhein bis zum Atlantik und vom Mittelmeer bis zur Nordsee reichte. Selbst Britannien bis hinauf nach Schottland war römische Provinz. Nur »Germanien« war und blieb weithin und weiterhin Terra incognita, unbekanntes, kaltes Land voller Wälder, Bären und unheimlicher, ungebärdiger, in Felle gehüllter und biertrinkender Männer, wie sie Cäsar und Tacitus beschrieben haben. Lediglich ein schmaler Streifen zwischen Alpen und Neckar, der die Verbindung zwischen Ost und West herstellte, unterstand Rom. Ihn sicherten die Römer zweihundert Jahre lang mit einem Schutzwall, dem Limes, gegen die Barbaren im Norden.

Warum das so war, wie die Römer damals in Südwestdeutschland gelebt und was sie uns aus jener Zeit hinterlassen haben, will ich hier erzählen.

Das Weltreich und der kühle Norden

Ein Mann namens Cäsar

Es begann damit, dass sich Julius Cäsar die Zuständigkeit für ein Gebiet übertragen ließ, nach dem sich bisher keiner gedrängt hatte. Es war das Prokonsulat für die Provinzen Gallia cisalpina und Gallia transalpina, jenes zum großen Teil unbekannte Land also, in das von Norden her ständig die bärenfellbekleideten Barbaren einfielen, die über das Rhonetal nach Süden vordrangen und sich in Oberitalien ansiedelten.

Diese Barbareneinfälle hatten schon viel früher begonnen: Im Jahr 387 vor der Zeitenwende hatten die unrasierten Rohlinge sogar Rom erobert und sich als Lösegeld in Gold aufwiegen lassen. Als die Römer über die riesige Menge Gold jammerten, die die Eroberer verlangten, hatte ihr Anführer noch sein Schwert auf die Waagschale geworfen und als Erster den berühmten Satz gesagt, den seitdem alle Sieger gern im Munde führen: Vae victis – Wehe den Besiegten.

Noch sechs Mal waren die Barbaren danach nach Mittelitalien eingefallen, waren bis nach Griechenland vorgedrungen, hatten in Kleinasien Siedlungen angelegt und südlich der Alpen Städte wie Verona gegründet. Fast hundert Jahre dauerte es, bis es römischen Legionären gelang, das Ge-

biet in Norditalien zurückzuerobern und zur römischen Provinz zu machen, zur Gallia cisalpina, zum Gallien diesseits der Alpen.

Nun, im Jahr 58 vor Christus, war Cäsar dabei, den Spieß umzudrehen und das Gallien jenseits der Alpen, also Gallia transalpina, zu erobern, das Gebiet der heutigen Provence und des Languedoc. Man könnte vermuten, dass sich Cäsar in diesen Krieg stürzte, um durch die Eroberung, durch hohe Steuern und Raubzüge seine immensen Schulden loszuwerden. Und in der Tat, genau das war sein Motiv: Geld, Ruhm und Ehre.

»Aus allen Provinzen gerade Gallien für sich auszuwählen«, schrieb schon der antike Historiker Sueton, geschah aus einem simplen Grund. »Er hoffte, dass dort die Vorteile am größten seien und er dort auch am ehesten Möglichkeiten für militärische Erfolge finden würde.«

So war es. Da schreibt auf der einen Seite der moderne Historiker Michael Grant, die Eroberung Galliens durch Cäsar »war ein entscheidendes Kapitel in der Weltgeschichte, durch das Mitteleuropa der Kultur des Mittelmeerraumes erschlossen wurde«.

Er schreibt aber auch, dass sich Zeitgenossen Cäsars durchaus darüber im Klaren waren, »dass er ganz bewusst, grundlos und unrechtmäßig

Julius Cäsar, der Eroberer Galliens

einen auswärtigen Krieg begonnen hatte, um seinen persönlichen Ehrgeiz zu befriedigen, und dass er ihn mit nie da gewesener Grausamkeit und Hinterlist geführt und dabei nach seinen eigenen Angaben an einem einzigen Tag 430 000 Germanen hingeschlachtet hatte – eine Übertreibung, die nicht ohne jede Grundlage war. Eines ließ sich jedoch nicht bestreiten: die Eroberung Galliens war eine glänzende militärische Leistung.«

Wie Plutarch auflistete, nahm Cäsar nicht nur »über 800 Städte im Sturm«, sondern »er unterjochte dreihundert Völkerschaften, und schlug sich nach und nach mit drei Millionen Gegnern, von denen eine Million den Tod im Kampf fand, eine zweite in Gefangenschaft geriet.«

Das Ergebnis des achtjährigen Eroberungskrieges: Jetzt gehörte ganz Westeuropa zu Rom – nicht nur das längst besetzte Spanien, sondern nun auch das gesamte Gebiet westlich des Rheins, vom Mittelmeer bis zur Nordsee und vom Rhein bis zum Atlantik.

Die magische Grenze

Die geradezu magische Grenze war der Rhein. Denn auch wenn er eine natürliche Grenze bildete – ihn zu überqueren war keine Unmöglichkeit. Allein Cäsar setzte zweimal mit seinem Heer über und seine Nachfolger pendelten oft genug hin und her. Trotzdem hat es nahezu hundert Jahre gedauert, bis die Römer ernsthaft daran gingen, sich auch auf Dauer östlich des Rheins niederzulassen.

Der Rhein war eben nicht nur ein Wasserlauf, an dem links und rechts die gleichen Barbaren wohnten und der auch noch im Süden durch hohe Berge flankiert war. Er galt aufgrund eines historischen Irrtums vielmehr auch als Völkergrenze. Damit kommen wir zu dem begrifflichen Durcheinander von Galliern, Kelten und Germanen.

Der Irrtum geht auf Cäsar zurück, der in seinem Bericht über den gallischen Krieg alle Bewohner zwischen Atlantik und Rhein Gallier und alle Bewohner rechts des Rheins Germanen nannte. Das Fatale ist nur, dass um diese Zeit rechts des Rheins in Süddeutschland überhaupt keine Germanen wohnten, sondern die gleichen Gallier wie links des Rheins, nur mit dem Unterschied, dass wir sie Kelten nennen.

Die Kelten, die im italienischen Gallia cisalpina wohnten, stammten nachweislich aus Süddeutschland, wo sie nach Cäsars Einteilung auf einmal Germanen heißen müssten. Auch die Helvetier, die zwischen Bodensee und Genfer See im Gebiet der heutigen Schweiz lebten und derentwegen Cäsar den Krieg begonnen hatte, waren eben keine Germanen, sondern Kelten.

Germanen lassen sich zu jener Zeit nur in Norddeutschland, etwa bis zur Mainlinie, und in Skandinavien nachweisen. Erst in der Völkerwanderungszeit, also drei bis vier Jahrhunderte nach der Zeitenwende, bewohnten sie dann auch wirklich das Gebiet, das nicht nur bei Cäsar, sondern auch bei uns Heutigen Germanien heißt.

Wie Cäsar zu der Bezeichnung gekommen ist, wissen wir nicht, man kann aber vermuten, dass im Norden Galliens tatsächlich einige germanische Stämme über den Rhein gekommen waren wie einst einige Kelten nach Oberitalien und dass Cäsar irrtümlich daraus schloss, dass alle Bewohner jenseits des Rheins Germanen seien.

Die Eroberung »Germaniens«

Nach Cäsars Eroberungskrieg vergingen 25 Jahre, bis sich Kaiser Augustus, der nächste Herrscher, in den Jahren 27 und 26 vor Christus in Spanien und Gallien sehen ließ. Er ließ auf dem linken Rheinufer ein paar Kastelle mit den Mittelpunkten Mainz und Xanten bauen – das war aber auch schon alles. Wieder vergingen fast 15 Jahre, bis dann tatsächlich und zum ersten Mal

seit Cäsar die Römer den Rhein überschritten.

Es war Drusus, der 25-jährige Stiefsohn des Kaisers, der in den Jahren 12 bis 9 vor Christus viermal den Rhein überquerte und schließlich bis zur Elbe vordrang. Als er die Elbe überschreiten wollte, hielt ihn freilich – so die Legende – eine übernatürliche Erscheinung in Gestalt einer germanischen Seherin zurück. »Kehre um, unersättlicher Drusus!«, rief sie ihm zu, »es ist dir vom Schicksal nicht bestimmt, weiter vorzurücken, vielmehr ist das Ende deiner Mühen und deines Lebens nahe.« Und wie recht sie hatte. Auf dem Rückweg stürzte Drusus zwischen Saale und Rhein so unglücklich vom Pferde, dass er sich den Ober-

Der »Eichelstein«, das Grabmal des Drusus, auf einem alten Stich

schenkel brach und nach langem Todeskampf an der Verletzung starb.

Als sein Bruder Tiberius die Nachricht vom Unglück erhielt, ritt er zum Sterbelager von Drusus und führte das Heer zusammen mit dem Toten nach Mainz zurück. Hier weigerten sich die Soldaten, den Toten nach Rom zu geleiten, um ihn dort beizusetzen. Tiberius erlaubte ihnen daher, dem Toten in Mainz ein Ehrenmal zu errichten, um ihn hier alljährlich mit Paraden zu feiern. Wer will, kann es auch heute noch nach zweitausend Jahren an Ort und Stelle tun: am »Eichelstein«, auch Drususturm genannt, nahe der Mainzer Zitadelle. Es ist ein einsamer, riesiger Kloben aus Gussmauerwerk, heute noch an die zwölf Meter hoch; der letzte Rest eines großen, einst sogar 30 Meter hohen Rundbaus. Das Ganze gebaut zu Ehren jenes Drusus, der mit vollem Namen Nero Claudius Drusus hieß und dem Augustus posthum den Siegesnamen »Germanicus« verlieh.

Sein Nachfolger in Gallien wurde Tiberius, der die Tradition seines Bruders fortsetzte und seinen alljährlichen Zug ins Germanische unternahm. So konnte Velleius Paterculus, sein späterer Hofgeschichtsschreiber, stolz übertreibend notieren: »Siegreich durchzog er alle Gebiete Germaniens, und zwar ohne jegliche Verluste für die ihm anvertrauten Truppen. Er unterwarf Germanien« – also das Gebiet zwischen Nordsee, Rhein und Main – »so vollständig, dass er es fast zu einer tributpflichtigen Provinz machte.«

Tiberius

Jedenfalls gelangen ihm auf friedlichem Weg zahlreiche Vertragsabschlüsse mit rechtsrheinischen Germanen, so mit den Cheruskern.

Die Katastrophe im Teutoburger Wald

Was derartige Vertragsabschlüsse wert waren, zeigte sich anderthalb Jahrzehnte später, als es zur Katastrophe kam. Sie wurde ausgelöst von Arminius, dem etwa 25-jährigen Sohn eines Cheruskerfürsten, dessen Name deutschtümelnde Kreise im 19. Jahrhundert fälschlich als Hermann übersetzten und dessen pompöses Hermannsdenkmal im Beisein des deutschen Kaisers, des Kronprinzen und zahlreicher regierender Fürstlichkeiten im August 1875 auf den Höhen des Teutoburger Waldes eingeweiht wurde.

Sein Gegenspieler war der 55-jährige Publius Quinctilius Varus. Im Gegensatz zu Arminius »ein Mann mit sanftem Wesen und ruhigem Charakter, unbeweglich an Körper und noch mehr an Geist«, durch seine Frau verwandt mit dem römischen Kaiserhaus. Er war verdienter Konsul, zuerst Statthalter in Afrika, dann Prokonsul in Syrien und Sieger über aufständische Juden, und nun, seit zwei Jahren, Statthalter in Germanien, um das Gebiet zwischen Rhein und Elbe zu »romanisieren.«

Es waren drei römische Legionen, drei Reitergeschwader und sechs Kohorten, dazu ein Tross mit Frauen und Kindern, alles zusammen leicht 20 000 bis 30 000 Menschen, die der Feldherr Varus in jenen Herbsttagen vom Sommerlager an der Weser an den Rhein zurückführen wollte. In Wirklichkeit stürzte er sie aber ins Verderben.

Die Zeit des Dramas: drei Herbsttage im Jahr 9 nach Christus.

Ort der Handlung: der Teutoburger Wald.

Und das war der Ablauf der Katastrophe, wie sie der römische Politiker und Literat Cassius Dio Cocceianus, allerdings selbst kein Augenzeuge, im Jahrhundert darauf nach alten Berichten wiedergab:

Unterwegs zum Rhein wollte Varus mit seinen Truppen einige aufständische »Stämme an den äußersten Grenzen des Cheruskergebietes« »beruhigen«. Der Marsch führte auf ungebahnten Wegen durch die Wälder. Man kann sich vorstellen, wie Menschen, Tiere und Wagen auf schlammigem Untergrund durch Wurzeln, Regen und Sturm aufgehalten wurden und nur schwer vorwärts kamen. Dabei wurde ihnen sogar von den Cheruskern geholfen, die ihren »Freund« Varus begleiteten.

Das war ja auch ganz in Ordnung. Arminius der Cheruskerfürst war schließlich nicht nur ein Freund der Römer, er war als Germane selbst römischer Bürger, hatte infolgedessen sogar einen römischen Namen und stand in römischen Diensten – das war damals keine Seltenheit.

Als so genannte »Foederaten« standen seit der Zeitenwende viele Germanen in römischen Diensten; germanisch war auch die berittene Haustruppe der Cäsaren. Später gab es Zeiten, da die Hälfte aller höheren Kommandostellen mit Germanen besetzt war, die sich, wie die Römer auch, von blonden und blauäugigen Sklaven bedienen ließen. Arminius, alias Hermann der Cherusker, sein Bruder Flavus (der Blonde), sein Schwiegervater Segestes, sie alle hatten das römische Bürgerrecht und niemanden wunderte es, dass Arminius seinen Freund Varus in jenen Tagen im Lager besuchte und ein Stück begleitete.

Umso merkwürdiger war es, dass am zweiten Tag die Cherusker verschwunden waren. Dafür begannen Angriffe aus dem Hinterhalt. Die Römer wissen nicht, gegen wen und wie sie sich wehren sollen. Im Wald und in den Schluchten des Gebirges ist an eine ordentliche Kampfordnung ohnehin nicht zu denken. Sie »können

Besetzte Gebiete in der ersten Hälfte des 1. Jahrhunderts nach Christus

wahrscheinlich am zweiten Tag auf einem waldfreien Fleck ein Lager aufschlagen«, vermutet Hannsferdinand Döbler in seinem Lexikon »Die Germanen«, »verbrennen ihre Wagen und hinderliche Ausrüstung, erreichen am dritten Tag eine unbewaldete Region und werden am vierten Tag, erschöpft, durchweicht vom ständigen Regen, verdreckt, belastet durch Schilde und Panzer, die schwer sind vom Wasser, niedergemacht. Denn die Germanen ›umzingelten sie mit geringer Mühe

und hieben die Römer nieder. Da entschlossen sich Varus und andere hohe Offiziere zu einer unvermeidlichen Tat.‹ (Dio). Denn der ›Feldherr hatte mehr Mut zu sterben als Mut zu kämpfen. Nach dem Vorbild seines Vaters und Großvaters stürzte er sich in das Schwert ...‹«

Das war ein für alle Mal das Ende des Planes, die römische Herrschaft über den Rhein hinaus bis an die Elbe vorzuschieben – insofern war Arminius tatsächlich der Retter Germaniens.

Augustus, der römische Kaiser der Zeitenwende

Varus, gib mir meine Legionen wieder!« Jedenfalls wurden zur Erinnerung an die Katastrophe die Nummern 17, 18 und 19 nie wieder an Legionen vergeben. Sie waren von nun an, wie bei uns die 13, ein böses Omen.

Als Nachfolger von Varus schickte Kaiser Augustus nun Tiberius an den Rhein, um das von Julius Cäsar eroberte linksrheinische Gallien zu verwalten und gegen aufständische Germanen zu schützen. Zu diesem Zweck zog Tiberius in den Jahren 11 und 12 nach Christus mit seinen Legionen zwar über den Rhein, doch das waren reine Drohgebärden. Auch sein Nachfolger, ein Römer, der aparterweise den Namen Germanicus führte, hatte in den Jahren 14 und 15 einige Scharmützel mit den Germanen, und man müsste sie schon gar nicht mehr erwähnen, wenn sie uns nicht wieder zu Arminius und in den Teutoburger Wald führten.

So hatte Germanicus das Land zwischen Lippe und Ems verwüstet und bei dieser Gelegenheit auch das Schlachtfeld im Teutoburger Wald besucht, um die auch nach fünf Jahren noch herumliegenden Gebeine der Gefallenen in einem Hügel zu bestatten. Tacitus berichtete darüber in seinen Annalen: Sie »betraten die traurige Stätte, deren Anblick und Erinnerung peinliche Gefühle in ihnen erweckte. Das erste Lager des Varus ließ durch seinen mächtigen Umfang und seine Ausmaße der Hauptplätze die Schanzarbeit von drei Legionen erkennen. Dann konnte man an dem halbzerstörten Wall und dem flachen Graben

Kaiser Augustus ist entsetzt

Als die Nachricht vom Untergang der 17., 18. und 19. Legion in Rom eintraf, war das Entsetzen groß. Kaiser Augustus, damals schon 72 Jahre alt, soll immer wieder gerufen haben: »Vare, Vare, redde legiones!« – »Varus, sehen, dass hier die stark geschwächten Reste des Heeres gelagert hatten. Auf der Mitte der Walstatt sah man die bleichenden Gebeine der Kameraden, je nachdem, wie sie geflohen waren oder Widerstand geleistet hatten, zerstreut oder aufgehäuft. Daneben lagen Trümmer von Waffen und Pferdegerippe; an den Stämmen der Bäume waren Menschenschädel angenagelt.«

Soweit Tacitus. Bis heute hat keiner das Schlachtfeld gefunden, und man muss skeptisch sein, wenn als Neuestes zur Abwechslung das Wiehengebirge als Lösung angeboten wird. Es gibt bis heute mehr als 700 verschiedene Hypothesen dafür, wo der Kampf stattgefunden haben könnte ...

Kehren wir zu guter Letzt zu Arminius zurück, diesem Helden oder auch Verräter, je nach Standpunkt. Im Jahr 15 war er jedenfalls gerade dabei, seinen eigenen Schwiegervater Segestes zu belagern, der treu zu Rom hielt – Anlass genug für Germanicus, den Belagerungsring des Arminius zu durchbrechen und Segestes zu befreien.

Bei dieser Gelegenheit fiel diesem Germanicus die Frau des Arminius in die Hände, Thusnelda, die sich, seltsam genug, bei ihrem Vater aufhielt statt bei ihrem Mann. Und schon hat das Drama einen neuen Höhepunkt: »Keine Träne rann über ihre Wangen«, berichtet Tacitus, »keine Bitte erniedrigte ihren Mund. In einer Falte ihres Gewandes ballte sie die Faust, stumm blickte sie auf ihren schwangeren Leib...«

Aber erst zwei Jahre später geschah dann das, was die Historienmaler des 19. Jahrhunderts in Scharen zum Pinsel greifen ließ: Als Germanicus im Jahr 17 im Triumph durch Rom zog, war auch Thusnelda dabei. Wie andere germanische Fürsten wurde auch sie, den kleinen Sohn Thumelicus neben sich, als Beute in Ketten mitgeführt.

Arminius hat seine Thusnelda nie wieder gesehen, er verlor sie, wie er sie gewonnen hatte. Denn auch er hatte Thusnelda seinerzeit geraubt. Das war nicht ehrenrührig, ja, es war geradezu Brauch. Nur: Einem Verlobten die Braut zu entführen, wie er es getan hatte, entsprach nicht den Sitten. So endete der »Befreier Germaniens« so schmählich, wie er in diesem Fall gehandelt hatte: Verwandte des Bräutigams erschlugen ihn, und kaum jemand nahm davon Notiz.

Ein neuer Anfang

Erst unter Kaiser Domitian (reg. 81 bis 96), also gegen Ende des ersten Jahrhunderts nach Christus, kümmern sich die Römer wieder um »Germanien«, um das Gebiet also jenseits der Alpen und östlich des Rheins. Aber nicht im Norden, wo sie siebzig Jahre zuvor von Arminius besiegt worden waren, sondern, abgesehen von einem Geplänkel mit den rechtsrheinischen Chatten in der Gegend von Mainz, weit weg davon im Süden zwischen Donau und Alpen. Aber nicht, um neue Gebiete zu erobern, im Gegenteil, um sich von den Barbaren abzugrenzen.

Es war eine völlig neue Politik und man kann darüber sinnieren, ob sie auf Resignation, Schwäche oder Ein-

Unter Vespasian stießen die Römer bis zum Neckar vor.

Mit Domitian begann die Abgrenzung gegen die »Germanen«.

sicht beruhte. Auf einmal schotteten sich die Römer gegen die Barbaren ab wie später auch im fernen Schottland, wo Kaiser Hadrian einen Wall von Küste zu Küste bauen ließ. Auch hier unten im Süden zog Kaiser Domitian plötzlich eine Grenze und zeigte, dass Rom »Germanien« nicht erobern, sondern die »Germanen« abwehren wollte. Das Land zwischen Neckar, Donau und Alpen war nicht ersehntes Ziel, sondern bestenfalls Durchgang und Korridor zum Schutz der bestehenden Ost-West-Verbindungen.

Zu diesem Zweck hatten die Römer vom Rheintal aus schon in den Jahren 73 und 74 unter Kaiser Vespasian (reg. 69–79) Teile des Schwarzwaldes besetzt und waren bis zum Neckar vorgestoßen. Der Grund: Sie wollten eine Straße von Argentorate, also

Straßburg, über Offenburg und durch das Kinzigtal bis zur oberen Donau in der Provinz Rätien bauen und durch Kastelle absichern. Ziel war Augsburg, von wo aus es entlang des Lechs und über den Reschenpass eine gute Verbindung nach Italien gab.

Da hat keiner Siege gefeiert, da gab es keine Triumphzüge in Rom und keine Lorbeerkränze, obwohl dieser Bau seit der Schlacht im Teutoburger Wald der erste militärische Erfolg rechts des Rheins war. Aber was war das schon. Selbst das bisschen Verwaltung war nicht hier angesiedelt, sondern in Mainz und Augsburg. Denn, so heißt es in einem Buch zum Aalener Limesmuseum aus dem Jahr 2002 knapp und eindeutig: »Die Eroberung des heutigen Südwestdeutschlands und der Bau des Limes gehörten für

Besetzte Gebiete in der zweiten Hälfte des 1. Jahrhunderts nach Christus

die Römer nicht zu den herausragenden Ereignissen ihrer Geschichte.«

Nur die kaiserliche Propaganda funktionierte damals wie heute unabhängig von den Tatsachen. Als Ersatz für Erfolge ließ Kaiser Domitian Goldmünzen prägen mit der pompösen Umschrift »Germania capta« – Unterwerfung und Besitznahme Germaniens. Tacitus, ein Zeitgenosse des Domitian, lästerte in seiner »Germania« offen darüber, dass die Römer in jüngster Zeit »Siege mehr gefeiert als er-

rungen« hätten. Außerdem zähle das Gebiet gar nicht zu Germanien, sondern sei nur von »allerlei Gesindel aus Gallien und Leuten, die die Not kühn gemacht hat«, bewohnt. (Tatsächlich waren es, wie wir ja wissen, keine Germanen, sondern Kelten.)

Vermutlich wollte Domitian damit einen schlichten Verwaltungsakt in weltgeschichtliche Höhen erheben. Hatte er doch nach dem Verlust der nördlichen rechtsrheinischen Gebiete die verbliebenen Territorien entlang des Rheins in die Provinzen Ober- und Untergermanien eingeteilt, in ein Germania superior und ein Germania inferior. Obergermanien reichte dabei bis weit ins heute Schwäbische hinein. Aber auch da ist von keinem Aufstand, keiner Schlacht die Rede, gibt es nichts Aufregendes zu vermelden. Und wenn hier und dort von römischen Siedlungen der Frühzeit die Rede ist, dann bestimmen oft Worte wie »vielleicht«, »möglicherweise« und »könnte« die vorsichtigen Sätze.

Alte Spuren

Freilich: Fremd war den Römern das Gebiet zwischen Alpen und Neckar nicht – längst vor seiner fatalen »Nordlandfahrt« hatte sich hier seinerzeit Drusus mit seinem Bruder Tiberius getroffen und jenes Land durchstreift, das später einmal die Schwaben besiedeln würden. Und das ist die Geschichte: Drusus war im Jahr 15 vor Christus mit seinen Legionen über Bozen ins Inntal gezogen und hatte einige Völkerstämme im Voralpengebiet besiegt, ehe er die Donau Richtung Bodensee hinaufzog. Sein Bruder Tiberius war indessen mit seinen Truppen vom Westen her über Besançon zum Bodensee gekommen.

Eine alte Quelle berichtet sogar von Details, dass nämlich Tiberius eine Insel auf diesem See – also die Mainau oder die Reichenau – als Ausgangsbasis für einen Seekampf mit den Vindelikern benutzt habe, bevor er in einem Tagesmarsch zu den Donauquellen aufgebrochen sei. Ob diese

Operation nun, wie die einen meinen, als Vorbereitung für die Besetzung Germaniens bis zur Elbe gedacht war oder ob sie, wie andere glauben, schon damals nur dazu diente, die Ost-West-Verbindung entlang der Donau zu sichern, soll uns nicht stören.

Viel interessanter als irgendwelche vermuteten strategischen Aufmarschpläne ist die Tatsache, dass sich mit dem Auftauchen dieser beiden Herren am Bodensee zum ersten Mal nachweislich Römer in Baden-Württemberg aufgehalten haben. Und das dann noch an Stellen, die man heute als touristische Ziele aufsuchen und an denen man somit ohne aufwändige Italienreise und mit gebührender Andacht die Spuren von Kaiser Tiberius kreuzen kann.

Und wenn wir schon dabei sind: Die nächste Stelle, wo man mit Sicherheit die Spuren eines anderen großen Römers, nämlich die von Julius Cäsar, kreuzen kann, ist Genf. Dort war er zu Beginn seines Gallischen Krieges aufgetaucht, als es noch darum ging, die Helvetier von ihrem Marsch durch das Rhonetal nach Südwestfrankreich abzuhalten. Er ließ die Brücke abreißen, die nach Genf führte, und baute von der Stelle aus, »wo die Rhone aus dem Genfer See austritt«, einen langen Wall bis zum Jura. Es ist vermutlich die Stelle, wo heute der »Pont du Mont-Blanc« über den See in die Genfer Altstadt führt.

Es war, wie Cäsar genau beschrieb, ein rund 28 Kilometer langer und etwa fünf Meter hoher »Damm mit einem Graben«. Und dann erklärt er auch den Sinn und Zweck dieser mühseligen Arbeit: »Nachdem diese Befestigung fertiggestellt war, sicherte er sie durch Kastelle und verteilte Wachtposten darauf, um die Helvetier leichter abwehren zu können, falls sie gegen seinen Willen den Übergang versuchen sollten.«

Der Schutzwall

Was Cäsar hier beschreibt, ist haargenau das, was 150 Jahre später Domitian zur Abwehr der Barbaren nachbaute. Wir werden uns später ausführlicher mit diesen Grenzwällen beschäftigen, die wir unter dem lateinischen Wort Limes kennen. In diesem kleinen historischen Überblick nur soviel: Es war Kaiser Domitian, der sich in aller Bescheidenheit als »Unser Herr und Gott« anreden ließ, es war dieser Domitian, der in den neunziger Jahren konsequent dieses schier endlose, am Ende rund 500 Kilometer lange Abwehrsystem des Obergermanisch-Rätischen Limes von Mainz über (heute) schwäbisches Gebiet bis ins Bayerische hinein zu bauen begann, eine Befestigung, die die nachfolgenden Kaiser bis ins 3. Jahrhundert fortführten, erweiterten und veränderten.

Trajan und das Riesenreich

Zu diesen Kaisern gehörte auch jener Mann, unter dessen Herrschaft das Römische Reich seine größte Ausdehnung erlangte und der sich um den Ausbau des germanischen Limes kümmerte. Gemeint ist Marcus Ulpius Tra-

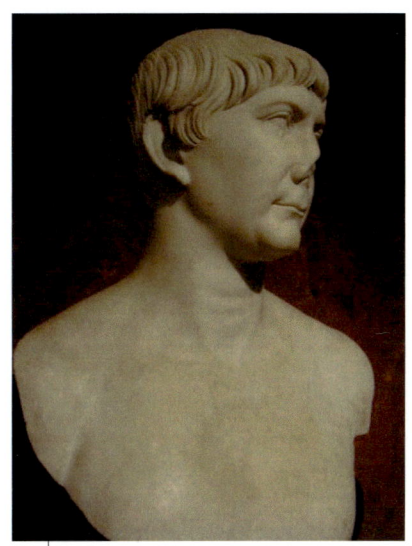

Unter Trajan erreichte das Römische Reich seine größte Ausdehnung.

janus, kurz Kaiser Trajan, ein Römer, der im Jahr 53 in der Nähe des spanischen Sevilla geboren wurde und im Alter von 64 Jahren bei Selinus am Schwarzen Meer starb. In der Zwischenzeit war er Statthalter in Germanien, eroberte in zwei Kriegen Dakien (das heutige Gebiet Siebenbürgens, des Banats und der Kleinen Walachei), annektierte die Provinz Arabia und das Gebiet der Nabatäer, marschierte in Mesopotamien und Assyrien ein und besiegte es in zwei Kriegen.

Am Ende hatte das Römische Imperium eine Außengrenze, die mit 16 000 Kilometern den gesamten Mittelmeerraum und Teile Mitteleuropas bis hinauf nach Schottland umfasste und somit 43 Provinzen mit einer Gesamtfläche von fünf Millionen Quadratkilometern umschloss. Allein das eigens gebaute Straßennetz in den Provinzen war rund 78 500 Kilometer lang, an den Grenzen standen 400 000 Mann als Schutztruppe.

Was hier nach Großmannssucht und Welteroberung aussieht, hatte aber nichts mit Weltherrschaftsplänen zu tun. Trajan betrieb zwar sehr wohl eine aggressive Außenpolitik, sie war aber strategisch und wirtschaftlich begründet. Innenpolitisch war Trajan jedenfalls auf soziale und politische Stabilisierung aus. Er gründete zahlreiche Stiftungen; zur Belebung der Wirtschaft ließ er zahlreiche Straßen und Brücken bauen, stellte Kanäle wieder her und bereicherte Rom um das Trajansforum und die Trajansthermen.

Hadrian trieb den Aufbau des Limes voran.

Eine Säule als Bauanleitung

Das kulturhistorisch wichtigste und bedeutendste Baudenkmal jener Zeit ließ er allerdings ganz zu seinem eigenen Ruhm errichten. Es ist die berühmte, etwa 40 Meter hohe Trajanssäule, in deren Sockel die Asche des Kaisers in einer goldenen Urne deponiert wurde und auf der bis zum Jahr 1588 sogar noch die vergoldete Bronzestatue Trajans stand. (Doch das war dann genug an christlicher Toleranz. Seitdem steht, ebenso feierlich, aber unpassend, der heilige Petrus auf der Säule.) Auf einem spiralförmig ansteigenden, 200 Meter langen, ursprünglich bemalten Reliefband werden auf dieser Säule in 155 Szenen mit mehr als 2500 Figuren das Leben und die Erfolge Trajans erzählt.

Zu den Erfolgen Trajans gehört auch, und damit sind wir endlich beim Thema, der systematische Ausbau des Limes. Ihm war das ja alles nicht fremd, nachdem ihn Kaiser Domitian im Jahr 89 nach Mainz beordert hatte und er fast ein Jahrzehnt an den Kämpfen an Rhein und Donau beteiligt gewesen war. So wusste er, was er tat, als er im Lauf der Jahre im Taunusgebiet, in der Wetterau sowie im Odenwald, am Neckar und auf der Schwäbischen Alb den Limes mit Kastellen und Wehranlagen ausbaute. Und wie die aussahen, wie sie gebaut und bewacht wurden, das alles wird bis ins allerkleinste Detail so genau auf der Säule dargestellt, dass man die Limestürme und Kastelle einfach nur

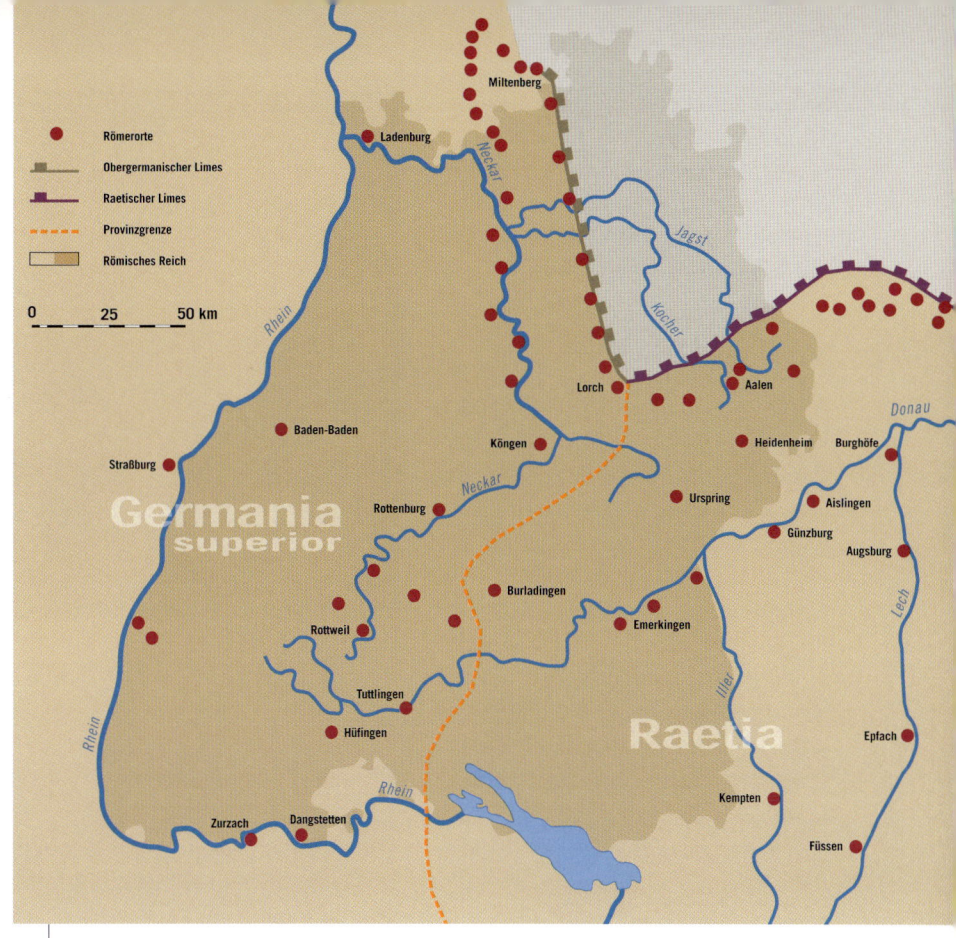

Besetzte Gebiete ab der ersten Hälfte des 2. Jahrhunderts nach Christus

nachzubauen brauchte, als man sie für die Touristen des 20. Jahrhunderts rekonstruieren wollte.

Hadrian und seine Wälle

Auch Trajans Nachfolger widmete sich dem intensiven Ausbau des Limes. Es war Hadrian, als Publius Aelius Hadrianus im Jahr 76 im gleichen spanischen Ort wie Trajan geboren. Als Verwandter seines Vorgängers kam er als Kind unter dessen Vormundschaft, heiratete später Trajans Großnichte Vibia Sabina, wurde vom Kaiser adoptiert und nach dessen Tod folglich zum Kaiser ernannt – eine Biographie, die geradezu nach Familienklüngel riecht. Erstaunlich nur: Hadrian war und blieb eigenständig in seinen Entscheidungen. Im Gegenteil, mit dem Hinweis auf die Finanzierbarkeit und den zweifelhaften Sinn des Ganzen beendete er die offensive Eroberungspolitik seines Adoptivvaters, ja, er gab sogar die eben eroberten Gebiete Mesopotamien, Assyrien und Armenien wieder auf und verlegte sich auf eine strikte Sicherung der Grenzen. So ließ er in Schottland den nach ihm benannten Hadrianswall errichten und setzte den Ausbau des Limes fort.

Verfall und Ende

Mit Mark Aurel (reg. 161–180), dem Philosophen auf dem Kaiserthron, begann dann der Niedergang des Römischen Reiches: Die Pest brach aus und das Reich wurde gleichzeitig an Rhein, Donau und Euphrat durch Aufstände, Kriege und Einfälle bedroht.

So kam es nach dem Partherkrieg ab 166 zu ständigen Vorstößen der landsuchenden Donauvölker bis nach Oberitalien, Kleinasien und Griechenland. Germanen kamen bis nach Hellas und zerstörten Eleusis. In Spanien fielen die Mauren ein, der Markomannenkrieg in Pannonien lebte wieder auf.

Die Zeit der Völkerwanderung kündigte sich an, auch wenn es noch einmal zweihundert Jahre dauerte, bis die europäische Landkarte nachhaltig verändert wurde.

Aber schon damals ahnte der Historiker Cassius Dio: »Unsere Geschichte«, schrieb er, »stürzt von einem goldenen Reich in ein anderes aus Eisen und Rost.« Man kommt in dieser Situation in Versuchung, den Tod des Mark Aurel symbolisch zu deuten: Er starb am 17. März 180 in der Nähe von Wien und zwar an der Pest.

Mark Aurel, der Philosph auf dem Thron

»Zustände wie im alten Rom«

Wenige Jahre nach dem Tod Mark Aurels herrschten wieder jene Zustände im alten Rom, wie sie sprichwörtlich im alten Rom herrschten. Wir können uns das heute kaum vorstellen, unter welch unglaublichen Umständen sich ein Weltreich noch jahrhundertelang halten konnte. Korruption und Bestechung, Mord und Totschlag waren an der Tagesordnung, es kam zu Bürgerkriegen, Hungersnöten, Inflation und Epidemien. Was bisher noch keine südamerikanische Bananenrepublik geschafft hat, Rom schaffte es leicht: In den fünf Jahrzehnten vor Diokletian bejubelte das Volk hintereinanderweg zwanzig Kaiser, die, zusammen mit ihren Rivalen, allesamt der Reihe nach ermordet wurden.

Caracalla baute den Rätischen Limes aus.

Es waren ja auch schon etwas unorthodoxe Methoden, wie man in jenen Tagen auf den Kaiserthron kam: So beschaffte sich zum Beispiel die Prätorianergarde ein paar Nebeneinkünfte, indem sie im Jahr 192 die Kaiserwürde an den Meistbietenden verkaufte. So konnte es passieren, dass Rom im Jahr 193 gleichzeitig fünf Herrscher besaß. Am Ende setzte sich Septimius Severus (reg. 193 – 211) durch, ein gebürtiger Afrikaner aus der Stadt Leptis Magna, der gerade an der Donau das Kommando führte. Er marschierte nach Rom und setzte Kaiser Didius Julianus einfach ab. Seine Maxime war ebenso einfach wie praktisch: »Seid einig«, trug er seinen Söhnen auf und vor allem: »Macht die Soldaten reich; über alles andere setzt euch hinweg.«

Was mit Severus begonnen hatte, setzte sich mit den so genannten »Soldatenkaisern« fort. Bis zum Jahr 284 kamen Kaiser und Gegenkaiser weder wie bisher aus der Aristokratie noch aus der bürgerlichen Oberschicht des Römischen Reiches, es waren schlicht und einfach Berufssoldaten, die sich von ihren Legionen auf den Schild heben ließen.

Der Nachfolger des Severus ist da noch eine Ausnahme: Es war Caracalla (der mit den berühmten Caracalla-Thermen in Rom), der von seinem Vater Severus 196 in eigner Machtvollkommenheit schlichtweg zum Cäsar und 198 zum Augustus erhoben worden war. Caracalla schuf nach seinem Regierungsantritt sofort Klarheit und ermordete seinen mit ihm regierenden Bruder Geta. Ein paar Jahre später wurde er dann selber umgebracht.

Man kann fragen, warum ich in dieser ohnehin trostlosen und erbärmlichen Periode der römischen Geschichte auch noch derart ins Detail gehe. Aber es sind eben auch diese Gestalten, die in unserem Bericht über die Römer in Baden-Württemberg vorkommen und hier Geschichte gemacht haben.

So war es dieser Caracalla, der nach seinem Sieg über die Alamannen am Main im Jahr 213 dafür sorgte, dass der Rätische Limes ausgebaut wurde. Dazwischen, und darauf legen die Baden-Badener verständlicherweise größten Wert, soll sich dieser Herr auch in den warmen Quellen Baden-Badens erholt haben – warum und wozu gäbe es dort sonst heute die Caracalla-Thermen ...

Der Zusammenbruch

Es war die Zeit der beginnenden Völkerwanderung, in der die bescheidenen Reste eines römischen Germaniens immer häufiger von fremden Völkerscharen überrannt wurden. Seit den Zeiten Mark Aurels hatten die skandinavischen Langbärte, die »Langobarden«, immer wieder ihr Gebiet verlassen und waren quer durch römisches Territorium nach Süden gezogen, um am Ende in Italien zu landen: Die »Lombardei« erinnert noch heute an die Langbärte.

Die Chatten waren ebenfalls in dieser Zeit – genauer: 162 nach Christus – ebenso in Obergermanien und Rätien eingefallen wie die Markomannen, Quaden, Naristen und Jazygen in den Provinzen Noricum und Pannonien, um von dort aus bis nach Oberitalien vorzustoßen und Verona zu bedrohen. Das ist auch der Grund, weshalb Mark Aurel gerade in der Nähe Wiens an der Pest gestorben war: Um diese Scharen abzuwehren, war er an den Rhein und die Donau gezogen. Und dass Caracalla in Germania superior weilte, lag an einer Attacke alamannischer Reiterscharen, die im Jahr 213 den Limes überrannt hatten.

Zwanzig Jahre später, im Jahr 233 nach Christus, waren die Alamannen wieder aufgetaucht, hatten in breiter Front den Obergermanisch-Rätischen Limes überrannt und waren im Westen bis an Saar und Mosel, im Süden bis zum Alpenrand vorgedrungen. Zur Abwehr waren römische Truppen aus dem Nahen Osten in Eilmärschen an den Neckar geführt worden. Und so kam es, dass man in unseren Tagen am Wilhelmsplatz in Stuttgart-Bad Cannstatt den Grabstein zweier persischer Panzerreiter fand (zu besichtigen im Limes-Museum in Aalen).

Bis 260 wurden die angreifenden Germanen wenigstens fünfmal zurückgeschlagen, aber es war zu spät: Der obergermanisch-rätische Grenzschutz brach endgültig zusammen – das Limesgebiet war verloren. Nach dem Jahr 260 fehlen daher jegliche Berichte über Truppen am Limes. Dafür häufen sich die Meldungen über neue Germaneneinfälle bis nach Italien hinein, sodass die Bewohner Roms in ihrer Angst zur Abwehr eine 16 Meter hohe und vier Meter dicke Mauer, die so genannte Aurelianische Mauer, um ihre Stadt herum bauten.

Schließlich: Im Jahr 277 waren Franken und Alamannen bis an den Neckar und die Schwäbische Alb vorgedrungen, während es den Römern in Rätien noch gelungen war, Burgunder, Goten und Vandalen zu vertreiben. Das Ergebnis war trostlos genug: Vom heutigen Baden-Württemberg gehörte jetzt nur noch das Gebiet um Isny im Allgäu und das Inselkastell Brisiacum (Breisach) am Rhein zum Römischen Reich.

Westgoten, Vandalen und Sueben errichteten ihre eigenen Königreiche. Sie waren jetzt die Herren der Welt, Rom ging nach Jahrhunderten voller Macht schmählich zugrunde. Im Jahr 410 plünderten die Westgoten die Stadt Rom, die Vandalen noch einmal im Jahr 455. Vae victis ...

Die Alamannen

Die Alamannen oder auch Alemannen (das Wort bedeutet wahrscheinlich »Männer allgemein«) sind ein westgermanischer Stamm, der aus verschiedenen Gefolgschaften und Heerhaufen hervorgegangen ist, die in Mecklenburg, im Mittel-Elbe- und im Saalegebiet beheimatet waren.

Die Gelehrten streiten sich dabei, ob die Alamannen bereits als »fertiges alamannisches Volk« mehr oder weniger geschlossen in römisches Gebiet eingedrungen sind oder ob sie erst hier zu einem alamannischen Volk zusammenwuchsen. In jedem Fall aber wurde ihr Stammesname für andere später zur Bezeichnung für Deutschland und die Deutschen, wenn sie von Allemagne und les Allemands sprechen.

Offen ist unter Gelehrten auch die Frage, ob die Alamannen »im Kern« nicht sowieso Sueben, also Schwaben, sind. Tatsache ist, dass für die Alamannen als zweiter Volksname die Bezeichnung Sueben existierte. Freilich: Die Namensgleichheit ist erst seit dem 6. Jahrhundert belegt, während die römischen Schriftsteller die Bezeichnungen nicht vermischen. Im 9. Jahrhundert bürgerte sich jedenfalls als Stammesname der Begriff »Schwaben« ein, während der »Alemanne« in vielen Sprachen bis heute als Bezeichnung für die Deutschen insgesamt dient. In der Volks- und Mundartkunde steht Alemannisch für die oberdeutsche Mundart der westlichen und südlichen Gebiete im Elsass über Baden und die Schweiz bis nach Vorarlberg.

Wie dem auch sei: Alamannen, die im Jahr 213 zum ersten Mal erwähnt wurden, waren seit dem 2. Jahrhundert nördlich des Limes ansässig. In den Jahren nach 233 stießen sie immer wieder über den Limes nach Süden vor, bis der Grenzwall schließlich 259/260 fiel und sich die Alamannen im so genannten »Dekumatland« niederließen. Als dieses »Zehntland« – lateinisch »agri decumates« – wird das Gebiet zwischen Rhein und Donau bezeichnet, also Schwarzwald, Schwäbische Alb und Neckarland.

Nach 454 dehnten sich die Alamannen bis ins Elsass und in die Nordschweiz aus. Nach der Niederlage gegen den Frankenkönig Chlodwig I. im Jahr 496 verloren sie ihre nördlichen Gaue. Da mit dem Eindringen der Alamannen schlagartig fast alle Informationen aufhören, die man bis zu diesem Zeitpunkt von römischen Schriftstellern erhält, ist man auf die archäologischen Funde angewiesen, und das ist wenig genug. Völlig unklar ist zum Beispiel, was aus der Bevölkerung geworden ist, die bis zum Eindringen der Alamannen in Germania superior gelebt hat.

Der Limes

Es war inzwischen oft genug vom Limes die Rede und ich denke, wir sollten uns jetzt diese Grenze etwas näher ansehen. Die Grenze, die vor 1800 Jahren den deutschen Südwesten nach Norden abschirmte und dadurch prägte.

Was der Limes nicht war

Fangen wir mit dem Begriff an. Das Wort »Limes« heißt weder Grenzwall noch Befestigung, auch nicht Staatsgrenze. Das Wort stammt aus dem Sprachschatz römischer Feldvermesser und bezeichnet den »künstlich gebahnten und geraden, ein Gebiet durchquerenden Weg, eine Vermessungsachse oder einen zwei Gebiete scheidenden Weg«. Oder, in verständlicherem Deutsch: Ein Limes ist ursprünglich nichts weiter als ein Trampelpfad zwischen zwei Äckern, mit dem die Bauern die Feldgrenzen markierten, oder die Schneise, die man durch die Wälder schlug.

Tacitus war der erste, der eine solche Markierung zwischen zwei Ländern als Reichsgrenze bezeichnete, aber auch das ist der Limes in völkerrechtlichem Sinn nicht. Denn selbstverständlich kontrollierten die Römer auch die Gebiete jenseits des Limes und ein Angriff auf den Limes hätte – anders als bei der Berliner Mauer und der deutsch-deutschen Grenze – nicht automatisch einen bewaffneten Konflikt oder Krieg ausgelöst.

Was aber war der Limes dann? Er war, um ein modernes Bild zu verwenden, ein Stopp-Zeichen an einer Kreuzung, das man nach Beachtung bestimmter Regeln durchaus überschreiten durfte. Es gab einen regen Handel im »kleinen Grenzverkehr« zwischen beiden Teilen, der allerdings unter römischer Kontrolle ablief. Der Tauschhandel blühte. Die Kelten und Germanen boten solche Kostbarkeiten an wie Bernstein oder blondes Frauenhaar, Pelze, Felle, Schinken und Seife, selbst Gänsefedern wurden gehandelt. Dafür suchten die Barbaren Prestigegüter wie Metallgegenstände, Schmuck und typisch Römisches.

Was gestoppt werden sollte, waren Räuberbanden, Plünderer, aber auch die friedliche, unkontrollierte Zuwanderung von Germanen in das wirtschaftlich höher entwickelte römische Gebiet. Ein solcher »Limes« war auch keine typisch »deutsche« Einrichtung in Germania superior oder Raetia – es gab ja auch den Hadrianswall in England, einen Limes gegen die Perser und Schutzwälle in Afrika.

Und schließlich, wenn wir vom Limes reden, dann meinen wir zwar im Allgemeinen den 550 Kilometer langen Schutzwall, der nördlich von Andernach als Obergermanischer Limes beginnt, bei Lorch in den Rätischen Limes übergeht und tief im Bayerischen bei Regensburg an der Donau endet. Dieser Limes ist aber nur das Ergebnis einer längeren Entwicklung, in der die Römer sukzessive von Westen und Süden, vom rechten Rheinufer und von der Donau her, vorrückten und die Befestigungen nach Norden und Osten zu vor sich herschoben. Sie bauten dabei eine Reihe von Kastellen, wenn auch nicht, wie beim »Neckarlimes«, immer gleich einen Wall oder eine Mauer.

Warum er gebaut wurde

Das Ganze hatte – um es noch einmal zusammenzufassen – damit begonnen, dass 15 nach Christus unter Kaiser Augustus die keltischen Völker des Alpenraumes unterworfen worden waren und die Römer das Alpenvorland besetzt hatten. Unter Kaiser Claudius waren die Römer dann bis zur Donau vorgerückt, wo sie mit einigen hölzernen Kastellen einen ersten Limes errichtet hatten, den so genannten Donau-Limes.

Das bedeutete, dass die römischen Truppen immer einen großen Umweg machen mussten, wenn sie von Rätien her an den Rhein und zu den Zentren nach Trier, Köln oder Mainz wollten. Ihr Weg führte dann am Donau-Limes entlang zum Hochrhein und über den Rheinknick bei Basel stromabwärts. So kam es, dass man in den Siebzigerjahren unter Kaiser Vespasian angefangen hatte, eine direkte Straße durch den

Der Limes bei Welzheim-Gausmannsweiler

Schwarzwald zu bauen: von Straßburg über Offenburg, durch das Kinzigtal, über Rottweil und bis nach Tuttlingen. Dort stieß man dann wieder auf den Donaulimes. Das Ganze ersparte einen rund 200 Kilometer langen Umweg.

Die Folge: Diese neue Verbindung wurde nun ihrerseits nach Norden zu durch Kastelle in Offenburg-Zunsweiler, Rottweil, Waldmössingen, Sulz am Neckar und Geislingen bei Balingen gesichert, der Limes rückte also nach Norden.

Wieder Jahre später, um 85 nach Christus, hatte Kaiser Domitian die Chatten besiegt, war nach Germania superior vorgerückt und hatte die Bildung des Neckarlimes ausgelöst. Der blieb allerdings ohne Befestigungsan-

Wall, Graben und Palisaden – eine Rekonstruktion bei Großerlach-Grab

lagen und wurde dann um das Jahr 150 noch einmal ein Stück nach Osten vorgeschoben. Offensichtlich wollten die Römer das fruchtbare Land zwischen Walldürn und Lorch in das Provinzgebiet eingliedern.

Der Kenner spricht dann außerdem noch genießerisch vom Alb-Limes, vom Lautertal-Limes und der sagenumwobenen »Sibyllenspur«, die man angeblich von der Burgruine Teck und von der Luft aus erkennen kann, auch von einem Odenwald-Limes ist die Rede. Aber das sind Feinheiten, die wir übergehen können, weil sie historisch ohne Folgen geblieben sind.

Wir begnügen uns mit dem Obergermanischen Limes, der bei Lorch am Nordrand des Remstales in den Rätischen Limes übergeht. Es ist dieser Doppel-Limes, der mit seinen rund 550 Kilometern Länge als das größte archäologische Bodendenkmal Europas gefeiert wird. Vorsichtige Leute verwenden lieber die Formulierung »größtes antikes archäologisches Bodendenkmal Europas« – schließlich hatten wir Deutsche erst kürzlich über 40 Jahre lang ein ähnliches Bodendenkmal mit Wachttürmen und Mauern quer durch Deutschland, das mit seinen 1381 Kilometern mehr als doppelt so lang wie unser Limes war.

Eine »Teufelsmauer« mit 900 Wachttürmen ...

Im Gegensatz zur 4100 Kilometer langen Chinesischen Mauer, dem anderen Bauwerk, mit dem der Limes oft leichtsinnig als »zweitlängstes Bauwerk der Erde« verglichen wird, ist vom Limes praktisch nichts mehr vorhanden. Als nach 1890 Wissenschaftler der Reichslimeskommission daran gingen, den Grenzwall zu erforschen und zu kartographieren, mussten sie erst mühselig suchen, wo dieser Limes überhaupt verlief. Von den etwa 900 Wachttürmen war nicht einer erhalten, von über 120 größeren Kastellen (sprich: Kasernen) war keines mehr zu sehen.

Das lag nicht nur daran, dass Wachttürme und Kastelle zunächst aus Lehm und Holz bestanden. Sie waren im Lauf der Jahre von den Römern

Wachttürme schützten den Limes wie hier bei Rainau.

längst durch solide Steinbauten ersetzt worden. Es lag schlicht und einfach und vor allem daran, dass die Mauern verfallen und die Steine von den Germanen in ihre neuen Häuser verbaut worden waren. Was übrig war, waren nach dieser langen Zeit noch Wälle und Gräben, die stellenweise auch heute noch deutlich sichtbar die Landschaft durchziehen. Übrig waren auch in vielen Fällen noch die Grundmauern, zum Teil sogar noch das Holz, dessen Alter man mit den modernen Methoden der Dendrochronologie ja noch feststellen kann.

Man kann dabei verschiedene Entwicklungsphasen unterscheiden. Am Anfang bestand der Limes aus einer Waldschneise, die von Holztürmen eingesehen werden konnte, die im Abstand von 400 bis 800 Metern errichtet wurden. Um 130 wurden die Schneisen zusätzlich durch Palisadenzäune abgesichert, die das unkontrollierte Überqueren der Grenze verhindern sollten. Um das Jahr 170 wurden dann die baufällig gewordenen Holztürme durch dreistöckige Steintürme ersetzt. Aus Sicherheitsgründen befand sich, wie später auch bei Burgtürmen, der Eingang im oberen Stockwerk. (Limestürme, die heutzutage nachgebaut werden, sind insofern nicht ganz korrekt, wenn sie zur Bequemlichkeit der Touristen die Eingangstüren im Erdgeschoss haben.) Das fensterlose Erd-

Dieser Turm bei Großerlach-Grab
ist einer Abbildung auf
der Trajanssäule nachgebaut.

Bei Halheim sind noch der
Limesverlauf und das Viereck
eines Kastells zu erkennen.

geschoss diente dabei als Vorratsraum, während sich im ersten Stock das Wachpersonal aufhielt. Darüber, mit dem Umlauf um den Turm, war das Wachzimmer, von wo aus der Limes beobachtet werden konnte und von wo aus man Nachrichten zum nächsten Turm weitergab.

Wie man in jenen Tagen »telegraphierte«, ist auf der Trajanssäule abgebildet: Auf einem Bild sieht man eine Fackel auf dem Turmumgang, auf dem anderen links neben dem Wachturm zwei große Heuhaufen, die bei Bedarf als Licht- oder Rauchzeichen angezündet wurden. Dies war das klassische Verfahren der Antike, und es

war durchaus kein Wunder, dass der Fall Trojas in Kleinasien vor 4000 Jahren schon am nächsten Morgen und über Hunderte von Kilometern hinweg der Königin Klytämnestra im Peloponnes bekannt war. »Des Feuers Wechselpost«, von Berg zu Berg angezündet, machte es möglich. Auf diese Weise konnte man auch am Neckar von Turm zu Turm in Windeseile Meldungen weitergeben, und nicht umsonst war der Obergermanische Limes zwischen Walldürn und Murrhardt auf 80 Kilometer schnurgerade durch die Landschaft gehauen worden.

Um das Jahr 200 baute man eine weitere Sicherung ein: Am Obergermanischen Limes hob man vor den Palisaden v-förmige Gräben aus, während der Rätische Limes zur gleichen Zeit stattdessen nach keltischem Vorbild mit einer bis zu drei Meter hohen und mehr als einen Meter breiten Steinmauer, der murus Gallicus, gesichert wurde, die im Volksmund später die »Teufelsmauer« hieß. Es ist die gleiche Art Mauer, die Cäsar seinerzeit vor Genf errichtet hat.

... 120 Kastellen ...

Mit Turm und Mauer war es aber nicht getan. Standorte der Truppen waren ja nicht die Wachttürme, sondern, im Abstand von acht bis zehn Kilometern voneinander, die Kastelle. Das waren aber keine wehrhafte Burgen oder gar Schlösser, sondern schlicht und einfach ummauerte Kasernen, gleichförmig und langweilig. Immer rechteckig, die Kanten fast immer im Verhältnis von 2 : 3, immer vier Tore, auf jeder Seite eins; die Hauptstraße im Gelände lief immer zum Hauptgebäude im Mittelpunkt, wo der Kommandeur residierte, wo die Schreibstube lag, die tabularia, und die armamentaria, die Waffenkammer, wo sich das Fahnenheiligtum befand und im Keller die Truppenkasse.

Immer gab es ein Extra-Wohnhaus des Kommandeurs, immer Speicherbauten für die Vorräte, manchmal sogar ein Lazarett und, das Wichtigste von allem, was nie fehlen durfte in oder neben dem Kastell – das Bad. Nicht zu vergessen: die Mannschaftsunterkünfte, immer trostlose Baracken, immer acht Mann in einem Raum, immer in einem der vier Bezirke rund um den Zentralbau in der Mitte. Kurz: Damals wie heute auf der ganzen Welt das Gleiche, was das Umverlegen von Truppen erleichtert. Egal wo man hinkommt, man findet sich zurecht.

Der Soldat musste nur noch erfahren, in welchem Bezirk, in welchem Viereck des Kastells seine Baracke stand, um dort »eingeviertelt« zu werden. Ich weiß, das Wort gibt es im Deutschen gar nicht. Sagen wir es also lateinisch: Er wurde »einquartiert«. Im Lateinischen heißt das »Viertel«, der »vierte Teil« von etwas, »quarterium«. Der Soldat wurde also in ein Quarterium »einquartiert« und bezog »Quartier«, wenn er in einem der Lager-»Viertel« wohnte.

Wie so oft hat die Sprache ein gutes Gedächtnis: Auch zweitausend Jahre später heißt eine Zwangseinweisung

Rekonstruktion eines Kastelltores in Welzheim

von Soldaten Einquartierung, und wir Zivilisten wohnen, auch wenn wir unsere Städte längst nicht mehr nach rechteckigen Lagervierteln einteilen, in einem »Stadtviertel«.

Worin sich die Kastelle unterschie-

ist einfach: Es waren die Soldaten selbst, die ja irgendwie beschäftigt werden mussten. Und das waren eine ganze Menge. Am 382 Kilometer langen Obergermanischen Limes waren um 150 nach Christus 22 Kohorten

Römisches Lagerleben kann man heute auf den Römertagen nacherleben.

den, war vor allem die Größe. Es gab »Kleinkastelle«, gerade eben 0,03 Hektar groß, deren Inneneinrichtung allerdings vom »Normbebauungsplan« abwich, Durchschnittskastelle für etwa 500 Soldaten von einem halben Hektar, und dann die Kastelle für die Reiterei, die allein schon wegen der Pferde zwischen vier und sechs Hektar groß waren und bis zu tausend Mann beherbergten.

... und fast 40 000 Soldaten

Das alles musste geplant und aus dem Nichts gebaut werden. Man kann sich vorstellen, was das alles in allem für eine immense Arbeit war, die im Lauf der Jahre bewältigt werden musste. Die Frage ist daher berechtigt, woher die Bauarbeiter alle kamen. Die Antwort

und drei Reiterregimenter, so genannte Ala, stationiert. Das waren zusammen allein schon rund 13 000 Mann. Dazu kamen noch einmal 5000 Soldaten aus Britannien hinzu, so genannte Numeri, die mit besonderen Aufgaben der Grenzsicherung betraut waren. Zählt man in Obergermanien noch die Legionen in Straßburg und Mainz mit, kommt man insgesamt auf etwa 28 000 Mann.

Am 166 Kilometer langen Rätischen Limes waren es entsprechend weniger Truppen. Dort lagen 14 Kohorten und vier Reitereinheiten, alles in allem etwa 11 000 Soldaten. Somit war der Obergermanisch-Rätische Limes also durch fast 40 000 Soldaten gesichert.

Freilich, die Kohortensoldaten, die ich hier vorsichtshalber einfach »Sol-

Reiter in einer rekonstruierten Paraderüstung bei den Römertagen in Aalen

daten« oder sonst aus Bequemlichkeit immer »Römer« genannt habe, waren gar keine Römer, sondern stammten von den unterworfenen Völkern. Tatsache ist jedenfalls, dass die Kastelle entlang des Limes von Hilfstruppen besetzt waren, die zwar Römern unterstanden, aber selbst (noch) keine Römer waren. Erst wenn sie nach 25-jähriger Dienstzeit ehrenvoll ausschieden, erhielten diese Hilfstruppensoldaten das römische Bürgerrecht, das auch auf ihre Söhne überging.

Dieses merkwürdige Arrangement, sich durch seine Feinde beschützen zu lassen, hatte durchaus Methode. Bei der Ausdehnung des römischen Weltreiches hätten die (echt-)römischen Truppen nicht einmal zur Sicherung der Grenzen ausgereicht. Daher rekrutierte man waffenfähige Männer der

unterworfenen Stämme und Reiche, stellte sie unter römisches Kommando und verhinderte auf diese Weise, dass sie unkontrolliert gegen die Römer rebellieren konnten. Gleichzeitig schwächte man die unterworfenen Völker, wenn man über die Jahre hin in regelmäßigen Abständen junge Männer einzog und sie ihrem eigenen Volk entfremdete.

Auf der anderen Seite hatte es schon seinen Reiz, als junger Mann in der Welt herumzukommen, versorgt zu sein und allmählich auf die Stufe der Sieger aufzusteigen.

Soldat sein hieß, die Fremde sehen, denn nur am Anfang waren diese Hilfstruppen in ihrer Heimat eingesetzt worden. Nachdem sich aber einmal eine solche Truppe am Niederrhein in ihrer vertrauten Umgebung

Geschrieben wurde mit einem spitzen Stift auf Wachstäfelchen.

voll, wenn Archäologen Wachstäfelchen, Papyri oder Tonscherben finden, auf denen bestimmte Dienstleistungen aufgeführt sind, auf die man am Ende nicht verfallen wäre, oder wenn man auf einer Tonscherbe erfährt, was wie viele Soldaten an einem bestimmten Tag gemacht haben.

Leider fehlt uns eine solche Liste für das Limesgebiet. Aber da Militärdienst eigentlich überall gleich abläuft, ist eine Tonscherbe, die man in einem Lager in Libyen gefunden hat, genauso interessant.

Und das ist die Liste von einem 24. Dezember aus dem 3. Jahrhundert nach Christus (samt Rechenfehler):

»Gesamtstärke am 24. Dezember: 57. Unter diesen: 1 Schreiber, 1 Unteroffizier, 1 Späher, 8 Reiter, 22 beim Exerzieren, 1 auf dem Ausguck, 1 am Tor, 1 beim Kommandeur, 1 Bauarbeiter, 3 krank (Sulpius Donatus, Titus Buzurius, Aurelius Rufus).«

Und dann eine Notiz, die man nicht zu erfinden gewagt hätte:

»Zu den Ruten (Bestrafung) 1. Übrig bleiben 17. Am Ofen 15. Im Bad 2.«

Ebenso aufschlussreich wie amüsant ist eine andere Liste einer Veteranenkohorte aus der Provinz Moesia am Schwarzen Meer, die die verschiedenen Einsatzgebiete und Aufgaben der Soldaten aufführt. Das klingt dann (in Auszügen) so:

»Gesamtstärke 596 Mann. Versetzt in die Pannonische Armee / Ertrunken / Ermordet von Banditen / Gefallen im Kampf / Ersetzt durch

gegen Rom erhoben hatte, verlegte man die Hilfstruppen grundsätzlich in fremde Gebiete und ferne Provinzen. Es geschah oft genug, dass diese Soldaten ihre Heimat nie wiedersahen.

Drill, Sold und satt zu essen

Aber ob römischer Legionär oder Soldat der Hilfstruppe – sie alle mussten jahrelang ernährt, entlohnt und beschäftigt werden. Zur Beschäftigung gehörten natürlich der tägliche Wachdienst, die Kontrollritte entlang der Grenze, Instandhaltungs- und Bauarbeiten, der ganze öde Drill, das Sauberhalten des Lagers und die Ernährung – kurz all das, was heute noch beim Barras üblich ist und einem auch heute automatisch einfallen würde. Da ist es dann besonders reiz-

Nachzügler / Von den Übrigen sind abwesend / In Gallien zur Beschaffung von Kleidung / Unterwegs zur Beschaffung von Getreide / Jenseits des Flusses zur Beschaffung von Pferden / In Dardanie bei den Minen / Abkommandiert ins Büro des kaiserlichen Prokurators Latinianus / Jenseits der Donau auf Patrouille / Ebenfalls jenseits der Donau zum Schutz der Ernte / Als Begleitung auf den Getreideschiffen / Im Hauptquartier bei den Schreibern / In den Bergen zur Beschaffung von Vieh ...«

Was bekamen sie dafür an Sold? Es ist aussichtslos, die gezahlten Sesterzen von damals in heutigen Geldwert umzurechnen, zumal Inflation und steigende Gehälter jeden Vergleich zusätzlich erschweren. So bekam ein Hilfssoldat, der brav auf seinem Wachtturm saß, unter Augustus 900, unter Domitian 1200, unter Septimius Severus 2400, unter Caracalla 3600 und zu guter Letzt unter Maximinus Thrax 7200 Sesterzen im Jahr. Aber vielleicht hilft ein Vergleich. Bekam ein Soldat unter Septimius Severus (reg. 193–211) 2400 Sesterzen, die Sesterz zu 4 Asses, so konnte er 0,55 Liter Wein für 1 bis 2 Asses kaufen, die gleiche Menge Öl für 4 bis 8 Asses. 6,5 Kilogramm Getreide kosteten 12 Asses, eine Tonlampe 2 Asses und eine Steingutschüssel 20 Asses.

Das entspricht im Geldwert etwa dem Text, den ein Lucius Canlidus, offenbar ein Spaßvogel besonderer Art, auf seinen Grabstein meißeln ließ. Es ist das Gespräch zwischen einem Wirt und seinem Gast:

»Gast: Wirt, lass uns abrechnen.
Wirt: Einen Sextarius Wein und Brot – 1 As, Zukost 2 Asses.
Gast: Geht in Ordnung.
Wirt: Ein Mädchen – 8 Asses.
Gast: Auch das geht in Ordnung.
Wirt: Heu fürs Maultier – 2 Asses.
Gast: Dieses Maultier frisst mir noch die Haare vom Kopf«.

Die Essensration eines Legionärs – kochen musste er selber.

Im Übrigen galt auch damals die goldene Weisheit, die man in der Historia Augusta nachlesen kann:

»Man braucht den Soldaten nicht zu fürchten, wenn er bekleidet, bewaffnet und mit Schuhzeug versehen ist sowie einen vollen Magen und etwas im Beutel hat ...«

Das aber hieß: Für das Römische Reich war die Entlohnung der Soldaten der größte Ausgabeposten. Fast zwei Drittel alle Staatsausgaben flossen in der Kaiserzeit ins Heer.

Von der Reichslimeskommission zum Weltkulturerbe

Die systematische Erforschung des Limes geht auf eine Anregung des Historikers Theodor Mommsen (1813 bis 1903) zurück. Da »von den noch erhaltenen Zeugen dieser fernen Vergangenheit jeden Tag Weiteres abbröckelt«, lud er im Herbst 1890 zu einer Limeskonferenz nach Heidelberg ein, an der Delegierte aller fünf Regierungen teilnahmen, deren Staatsgebiete betroffen waren: Baden, Bayern, Hessen, Preußen und Württemberg. Mommsen kam als Vertreter der Berliner Akademie.

Mommsen war allerdings nicht der Initiator der Limesforschung überhaupt. Das Interesse an römischen Relikten in Deutschland war viel früher geweckt worden, als im Jahr 1748 die Berliner Akademie der Wissenschaften die Preisaufgabe stellte: »Wie weit der Römer Macht, nachdem sie über den Rhein und die Donau gesetzt, in Deutschland eingedrungen, was vor Merkmale davon ehemals gewesen und etwa noch vorhanden seien.«

Christian Ernst Hanßelmann (1699–1775), Fürstlich Hohenlohescher Hofkammerrat, hatte daraufhin die zündende Idee, dass die Rätselfrage nur durch Ausgrabungen zu lösen sei. Er erforschte von 1766 an den Limes zwischen Mainhardt und Osterburken und veröffentlichte bereits 1768 den »Beweiss, wie weit der Römer Macht in den mit verschiedenen teutschen Völkern geführten Kriegen in die ostfränkischen Lande eingedrungen«. Fünf Jahre später folgte die »Fortsetzung des Beweisses«, und bald waren die süddeutschen Fürstentümer dabei, ihre Länder nach römischen Spuren umzugraben.

1852 kam es zur Gründung einer »Commission zur Erforschung des Limes Imperii Romani«, die zum ersten Mal grenzübergreifend in ganz Deutschland arbeiten wollte, aber das gelang dieser Kommission nicht. Landesübergreifend arbeitete dagegen seit 1880 eine Interessengemeinschaft in Hessen und Baden, während der Ingenieuroberst a. D. August von Cohausen (1812-1894) im damals preußischen Abschnitt vom Rhein zum Taunus nachgrub und in Bayern der Gymnasiallehrer Friedrich Ohlenschlager (1840-1916) den Limes erforschte.

Was aber nach wie vor fehlte, war eine umfassende und zusammenfassende Darstellung des Obergermanisch-Rätischen Limes, und damit sind wir wieder bei Mommsen.

Nach einer weiteren Limeskonferenz 1892 in Berlin fand dann, wieder in Heidelberg, im Juni des gleichen Jahres die konstituierende Sitzung der Reichslimeskommission statt. Unter Mommsens Vorsitz wurde die Aufgabe festgelegt, nämlich »Die Erforschung des Limes, der römischen Grenzsperre in Rätien und Obergermanien«.

Unter der Leitung des Althistorikers Ernst Fabricius (1857-1942) arbeiteten

Archäologen, Historiker, interessierte Offiziere (!) und Privatleute mit. Sie erforschten die militärischen Anlagen im Taunus, in der Wetterau, am Main, im Odenwald und am Neckar; andere Gebiete wie die Schwäbische Alb und das Donaugebiet blieben unberücksichtigt.

Innerhalb von fünf Jahren sollten die Ergebnisse veröffentlicht werden. Es dauerte etwas länger: Die erste Lieferung des Druckwerkes »Der Obergermanisch-Raetische Limes des Roemerreiches« erschien zwar schon 1894, die letzte, die 56. Lieferung, aber erst 1937. Das Werk mit seinen insgesamt 14 Bänden bildet bis heute die Grundlage der Limesforschung.

Als Neubeginn nach dem Krieg gilt der erste Internationale Limeskongress 1949 in Newcastle. Im Auftrag der Römisch-Germanischen Kommission wurden seit 1959 die Buchreihe »Limesforschungen« herausgegeben und seit 1967 die Ausgaben des zuerst 1910 erschienenen »Saalburg-Jahrbuches«.

Auf Anregung Hessens kamen die vier Bundesländer Baden-Württemberg, Bayern, Hessen und Rheinland-Pfalz im Jahr 2000 schließlich überein, im Jahr 2003 bei der Unesco in Paris gemeinsam den Antrag zu stellen, den Limes als Europas größtes Bodendenkmal in die Liste der Weltkulturdenkmale aufzunehmen. Der Hadrianswall in Großbritannien war bereits in den 1980er-Jahren als Weltkulturerbe anerkannt worden. Die Aufnahme hat man folglich am 13. Januar 2003 beantragt.

Mittlerweile wurde dieser Antrag jedoch überarbeitet, sprich: internationalisiert, und als Ergänzungsantrag zum Weltkulturerbe Hadrianswall neu eingereicht. Nun bietet sich die phantastische Möglichkeit, das erste übernationale Weltkulturerbe namens »Außengrenzen des Römischen Reiches« zu realisieren. Wenn dabei alle einstigen Provinzen Roms mitmachen würden, wären am Ende über 20 Nationen beteiligt, wäre das einstige Römische Weltreich wieder friedlich »auferstanden«.

Unter der Leitung des Archäologen Dr. Andreas Thiel vom federführenden Landesdenkmalamt Baden-Württemberg haben die beteiligten Bundesländer aus diesem Anlass mit modernsten Methoden eine lückenlose Dokumentation des Grenzwalls vorgenommen. Das Ergebnis ist ein digitales Kartenwerk im Maßstab 1 : 10 000, das, nebeneinander gelegt, eine Länge von 50 Metern hat und zusammen mit Fotos und Beschreibungen auch in Buchform erscheinen soll. Die Kosten des Projekts werden mit rund 400 000 Euro angegeben und von den beteiligten Ländern je nach Limes-Länge anteilig bezahlt.

Auf diese Weise ist es nun bis auf Prozentbruchteile amtlich, dass Baden-Württemberg mit 164 Kilometern die längste Limes-Strecke vorweisen kann, was einem Anteil von 29,8 % entspricht. Bayern beteiligt sich entsprechend seinen 158 Kilometern Limes mit 28,7 %. Hessen hat 152 Kilometer Limes und bezahlt infolgedessen 27,8 %. Rheinland-Pfalz mit seinen 75 Kilometern kommt am besten weg, es zahlt nur 13,7 %.

Römer im Ländle

Als die Römer unter Kaiser Domitian um das Jahr 85 herum in Germania superior mit dem Bau eines Grenzwalles begonnen hatten, war das praktisch ohne jeden Widerstand geschehen, und das war, wie die antiken Quellen suggerieren, auch kein Wunder. Die Römer hatten im Südwesten offenbar ein nahezu menschenleeres Land besetzt, das nach Mitteilung des Geographen Claudius Ptolemaeus nördlich der Alb sogar eine »Einöde« bildete und in dem, nach Tacitus, bestenfalls Gesindel lebte.

Jedenfalls ist zu keiner Zeit von Kriegszügen noch von einer blutigen Unterwerfung die Rede wie seinerzeit in Cäsars Gallien. Und wenn die Römer in jenen Tagen trotzdem zu Strafexpeditionen über den Rhein aufbrachen, dann nicht im Südwesten, sondern nördlich des Mains gegen die Chatten oder andere Germanen. Germania superior war und blieb, zunächst jedenfalls, friedlich – kein Krieg, keine Aufstände gegen die Besatzer, nichts.

Besatzer und Besetzte

Aber so menschenleer war das Gebiet natürlich nicht. Warum hätten die Römer denn sonst auch zweihundert Jahre lang ein fast leeres Land besetzen und mit einigem Aufwand sichern sollen. Wir erinnern uns: Bereits weit vor Cäsars Zeiten waren Kelten nach Italien eingedrungen, hatten Rom erobert und sich in der Po-Ebene angesiedelt. Das eigentliche Stammesgebiet dieser Kelten aber war eben jene Region, die man erst kaum beachtete, später Germania superior nannte und nun plötzlich durch einen Limes schützen musste.

Hier, zwischen Schwarzwald, Neckar, Donau und dem Alpenvorland, von wo aus sie Frankreich, Nordspanien, Großbritannien, Norditalien, Böhmen und den Donauraum erobert hatten, lebten sie, ohne je einen Staat zu gründen oder sich zu einer Nation zu vereinigen, hier saßen die Kelten bereits lange, bevor die Römer kamen, und sie waren durchaus nicht die tumben und biertrinkenden Barbaren mit der »gallischen Trunksucht«, als die sie die Griechen und Römer gern darstellten.

Das klingt dann zum Beispiel so: »Weil das Klima viel zu rau ist, gedeihen im Land weder Wein noch Öl, und da nun den Galliern das eine wie das andere fehlt, bereiten sie sich ein Getränk aus Gerste, das so genannte Bier. Außerdem trinken sie das Wasser, mit dem sie die Honigwaben ausgespült haben.« Es blieb aber nicht bei Gerstenbier und Honigmet. Diodorus Siculus, ein griechischer Historiker aus Sizilien, wusste Schlimmes zu berichten. »Dem Wein aber sind sie über die Maßen ergeben und trinken den von Kaufleuten eingeführten Wein unvermischt. Sie trinken ihn in ihrer Gier so reichlich, dass sie berauscht in Schlaf oder wahnsinnsähnliche Zustände verfallen.«

Für den römischen Außenhandel war das natürlich nur von Vorteil: »So dient die gallische Trunksucht der gewöhnlichen Geldgier vieler italienischer Kaufleute als willkommenes Bereicherungsmittel«, notierte Diodorus Siculus weiter, denn: »Diese bringen den Wein entweder auf den schiffbaren Flüssen oder über das offene Land auf Wagen herbei und nehmen dafür einen unverschämten Preis. Für einen Krug Wein erhalten sie einen Sklaven zum Tausch ...«

In den Augen der Griechen und Römer waren die Kelten eben Barbaren, und so wurden sie denn auch beschrieben: »Die Kelten sind von Furcht erregendem Anblick, ihre Stimmen tieftönend und rau«, befand Diodoros Siculus, und: »In Gesprächen machen sie nicht viel Worte, vielmehr drücken sie sich rätselhaft aus und deuten vieles nur mit halben Worten an; dagegen sprechen sie viel und überschwänglich, um sich ins beste Licht zu setzen und andere herab. Sie drohen gern und drücken sich hochfahrend und dramatisch aus ...«

Als Barbaren lebten sie in einfachen Hütten ohne jede Inneneinrichtung, hatten keine Ahnung von technischen Fertigkeiten und aßen vor allem Fleisch. Da zogen die keltischen

Krieger selbstverständlich nackt in den Kampf, nur mit einem Halskettchen bekleidet, da schnitten sie ihren Feinden die Köpfe ab und sammelten sie als Trophäen. Sie waren andererseits aber auch leicht zu überlisten, weil sie stets unüberlegt und impulsiv reagierten und gar noch laut brüllend in den Kampf zogen.

Verständlich, dass die einzigen römischen Darstellungen keltischer Krieger nur Unterlegene zeigen. Da ist vor allem das Bild des berühmten »Sterbenden Galliers«, den man oft daran erkennt, dass seine Haare büschelweise aufrecht auf dem Kopf stehen wie bei einer modernen Gel-Frisur. Hier kann man sehen, was woanders beschrieben wird, nämlich dass die Kelten, diese Barbaren, sich tatsächlich ihre Haare mit Kalkbrühe frisierten und mit harten, weißen Haarspitzen herumliefen, wo gab's denn so was.

Es ist ein Leichtes, dieses einseitige Bild vom sauflustigen und primitiven Hinterwäldler zu korrigieren. Geholfen hat dabei eine schwäbische Hausfrau,

Der »Sterbende Gallier«

Die Grabkammer des Fürsten von Eberdingen-Hochdorf

die sich über einen unscheinbaren und mit Steinen durchsetzten Hügel in einem Maisfeld gewundert und diese Verwunderung einem Archäologen mitgeteilt hatte. Als man daraufhin in den Jahren 1978 und 1979 in Hochdorf nahe der Enz ein unversehrt erhaltenes keltisches Fürstengrab aus der Zeit um 500 vor Christus freilegte, hatte man einen der sensationellsten Eisenzeitfunde des Jahrhunderts gemacht. Er bestätigte, auf welch hohem technischen und künstlerischen Niveau die Kelten standen.

Zu einer Zeit, von der wir gerne spaßeshalber behaupten, dass unsere Vorfahren im Vergleich zu den Römern noch auf Bäumen saßen, war dieser Keltenfürst, ein etwa vierzigjähriger Riese von 1,83 Meter, auf einem bronzenen Ruhebett von drei Meter Länge beigesetzt worden. Die Füße dieses Bettes bestanden aus weiblichen, 23 Zentimeter hohen Bronze-

figuren, die – vor zweieinhalbtausend Jahren! – wie Zirkusartistinnen auf den Achsen beweglicher Räder balancierten, mit denen man das Bett tatsächlich hin- und herrollen konnte.

Der Schmuck war reines Gold: Aus Gold war der Halsring des Fürsten, aus Gold sein Armreif. Zwei goldene Schlangenfibeln und ein goldenes Gürtelblech zierten seine Kleidung, der eiserne Dolch hatte einen goldplattierten Griff und steckte in einer goldenen Scheide. Selbst die Schnabelschuhe des Fürsten waren goldbeschlagen. Neben dem Totenbett fand man einen vierrädrigen Wagen, ganz mit Eisenblech verkleidet, sowie einen Bronzekessel von einem Meter Durchmesser, der mit drei liegenden Löwen verziert war. Der Kessel war, einst mit Wein gefüllt, dem Fürsten auf den weiten Weg ins Totenreich mitgegeben worden.

Die Kelten und die Kunst

Das Fürstengrab von Eberdingen-Hochdorf ist dabei nur eins von rund zweihundert, die man bisher links und rechts des Rheins gefunden hat. Allein rund um Stuttgart sind es einige: 1936 fand man in Sirnau bei Esslingen das Grab einer Prinzessin und 1951 entdeckten Bauarbeiter in Schöckingen bei Leonberg noch ein weiteres Prinzessinnengrab. 1962 kam in einem Tumulus bei Hirschlanden im Kreis Ludwigsburg die lebensgroße Sandsteinstatue eines nackten Kriegers ans Licht, der in der späten Hallstattzeit den Grabhügel gekrönt hatte.

Damit kein Ende: In Steinhaldenfeld zwischen Stuttgart-Zuffenhausen und Waiblingen wurden ebenfalls die Reste eines Wagens und reicher Goldschmuck gefunden, ebenso in Grafenbühl bei Ludwigsburg. Da waren es Löwenfüße aus Bronze, die zu einem Kesselgestell gehörten, sowie zwei Sphinxe aus Elfenbein – alles Gegenstände aus dem Mittelmeerraum –, die man noch in dem damals bereits geplünderten Grab fand.

Ein Fürstengrab aus der frühen La-Tène-Zeit in Kleinaspergle bei Asperg, keine 20 Kilometer nördlich von Stuttgart, enthielt in einer hölzernen Grabkammer ein etruskisches Bronzegefäß, eine bronzene Schnabelkanne, Goldfassungen für zwei Trinkhörner, außerdem zwei attische Trinkschalen aus dem 5. vorchristlichen Jahrhundert – also abgesehen vom Kunstwert auch Hinweise darauf, dass durch die Zeiten Kontakte zur griechischen und etruskischen Kultur bestanden haben.

Das beweist auch die in Waldalgesheim bei Bingen gefundene Grabkammer eines keltischen Fürsten aus der Mitte des 4. vorchristlichen Jahrhunderts. Dort hatte man dem Toten einen mit Palmetten verzierten Bronzeeimer mitgegeben, der ursprünglich aus der griechischen Kolonie Tarent in Süditalien stammte, obwohl die Kelten durchaus auch eine eigenständige Kunstform entwickelt hatten.

Auch das bislang neueste und zugleich nördlichste keltische Fürstengrab, erst 1996 in einer Veröffentlichung vorgestellt, zeigt kulturelle Einflüsse der Etrusker, aus Griechenland, ja sogar aus Ägypten und Persien. Es ist das etwa 2400 Jahre alte Fürstengrab am Fuß des hessischen Glauberges bei Glauburg, dessen ebenfalls reicher Goldschmuck allerdings nicht an das Grab von Hochdorf heranreicht.

Das Besondere an diesem Grab, das überhaupt erst 1987 durch eine Luftaufnahme entdeckt und dann freigelegt wurde, ist eine lebensgroße, viereinhalb Zentner schwere, vollplastische Statue aus rötlichem Sandstein. Sie stellt den Fürsten dar und ist nicht nur deswegen ein einzigartiges Stück.

Die Sandsteinstatue des keltischen Fürsten vom Glauberg

Im Gegensatz zu den römischen Darstellungen, die nur nackte keltische Krieger kannten, sehen wir hier einen Kelten in voller Rüstung und vollem Schmuck.

Der Künstler hat der Sandsteinfigur am Hals ein Collier und am linken Oberarm sowie am rechten Handgelenk Armreifen eingemeißelt. Derselbe Schmuck findet sich in natura bei den goldenen Grabbeigaben des Toten. Man hat deshalb hier wohl ein authentisches, wenn auch idealisiertes Abbild des Fürsten vor sich. Oder wie der Archäologe Fritz-Rudolf Herrmann schreibt: »Die Stele zeigt, wie ein Keltenfürst aussah, der voll integriert war in die Kulturwelt der damaligen Zeit.«

Wie also sah so eine Herrschaft aus? Als Fürst trug man damals den so genannten Kompositpanzer, der gerade in Griechenland um die Wende vom sechsten zum fünften Jahrhundert aufgekommen war. Das war ein aus Lederstücken oder übereinander genähten Leinenstücken zusammengesetzter Schutz, der die Krieger beweglicher und reaktionsschneller machte als die bisher üblichen Metallpanzer der schwer bewaffneten Hopliten, der antiken Söldner, die ja nicht als Einzelkämpfer, sondern als waffenstarrende Phalanx auftraten.

Und woran erkannte man den Herrscher? Natürlich am männlichen Kinn, das der Keltenfürst genau wie die Pharaonen mit einem viereckigen Bart betonte. Ebenso an seiner Männlichkeit, die wie bei den ägyptischen Herrschern an den übertrieben stark geschwungenen Oberschenkeln, dem

angeblichen Sitz der Manneskraft, zu erkennen war. Und vor allem: Man erkannte ihn an der seltsamen Haube mit den zwei großen, fischblasenförmigen Ohren, die die Fachleute »Blattkrone« nennen und die das Kennzeichen eines Gottes ist. (Die gleichen Blattkronen tragen übrigens auch die Stele von Holzgerlingen, ein Kopf in Heidelberg und verschiedene kleinere Abbildungen.)

Die Kelten und der technische Fortschritt

Nun machen Fürstengräber und Goldschmuck zwar immer etwas her. Aber diese Funde beschreiben nur Besitz, Kultur und Reichtum weniger, nicht aber den Lebensstandard einer ganzen Bevölkerung. Die setzte sich bei den Kelten aus drei Schichten zusammen: den Priestern (den Druiden), den Fürsten und dem Volk.

Wie aber lebte das einfache Volk, wie wohnte es? Hier helfen archäologische Funde und antike Beschreibun-

Keltischer Grabhügel bei Hundersingen

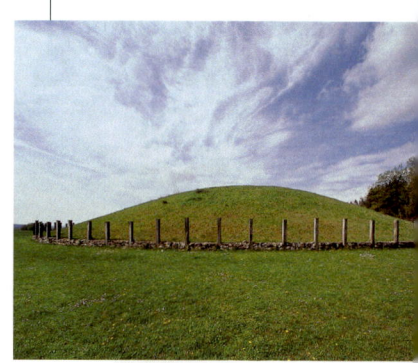

Im Freilichtmuseum auf der Heuneburg kann man das Leben der Kelten kennen lernen.

gen weiter, um das allgemeine Niveau einzuschätzen, und das konnte sich durchaus sehen lassen. So wohnten die Menschen in Blockhäusern oder Häusern, die aus Pfosten mit lehmverputztem Flechtwerk bestanden. Die Dächer waren mit Schilf, Stroh oder Schindeln gedeckt, wie es in Europa bis weit ins Mittelalter üblich war.

Etwa hundert Jahre vor der Zeitenwende entstanden sogar regelrechte Siedlungen – die Römer nannten sie »oppida« –, die man wegen ihrer Größe und Funktionen eigentlich schon Städte nennen kann. Eine davon war das oberbayerische Manching, das von einem sieben Kilometer langen Wall umgeben war. Allein die Nägel, mit denen das Balkengeflecht des Walles zusammengehämmert war, wogen schätzungsweise an die 300 Tonnen.

Wir wissen auch, dass es die Kelten waren, die auf wirtschaftlichem und technischem Gebiet entscheidende Neuerungen einführten. Unter ihnen kam das Münzgeld auf, sie brachten die Töpferscheibe nach Mittel- und Nordeuropa, sie importierten die Drehmühle, also den Mahlstein. Sie konnten Glas für farbige Perlen herstellen und waren Meister der Metallverarbeitung. Sie konnten Schwerter schmieden und Bronzeschmuck so mit Zinn überziehen, dass er silbern aussah.

Das germanische Wort »Eisen« (gotisch: isarn) soll sogar keltischen Ursprungs sein. Sie hatten den eisernen Pflug, sie hatten die eiserne Sense, und wenn wir heutzutage mit einem Rasenmäher mit Fangkorb durch den Garten kurven, konnten das die Kelten schon lange. Plinius beschrieb es in seiner Kulturgeschichte: »Auf den Landgütern in Gallien werden sehr große, am Rande mit Zähnen bewehrte, zweirädrige Mähmaschinen von einem an der Rückseite angespannten Zugtier durch das Feld geschoben. Die auf diese Weise abgerissenen Ähren fallen in einen Sammelkasten.« Uns fehlt auch nicht das Bild zum Text: Auf einem belgischen Grabrelief aus dem 2. Jahrhundert nach Christus ist eben diese Maschine abgebildet.

Den Römern verdanken wir die »Römische Straße«, den Kelten die größere Mobilität. Zwar erfanden sie nicht das Rad, wohl aber das verbesserte Rad, indem sie Holzfelgen aus einem Stück anstelle der mehrteiligen Felge verwendeten. Und was uns heute selbstverständlich ist, war damals neu: Auf diese Felgen wurde der Eisenreifen aufgezogen, solange er noch heiß war. Kühlte sich das Metall ab, zog es sich zusammen und saß umso fester auf dem Holz.

In Haus und Hof gab es Werkzeuge, Töpfe, Schalen und Löffel, aber auch Spiegel, Spangen und Broschen aus Eisen und Bronze – bis hin zum ärztlichen Besteck, sodass Barry Cunliffe in seinem Standardwerk »Die Kel-

Bis Griechenland reichten die Kontakte der Kelten.

ten und ihre Geschichte« feststellt, »dass die Kelten über Technologien und handwerkliche Fähigkeiten verfügten, die bis zum 18. Jahrhundert nach Christus in Europa kaum übertroffen wurden«.

Kelten und Römer: Geben und Nehmen?

Die Frage ist, wieweit sich die Römer und diese »Barbaren« gegenseitig beeinflusst und was sie vom andern gelernt haben. Je nach Gegend hat die Besatzungszeit ja einhundert bis zweihundert Jahre gedauert – und das ist lang genug, um Sprache, Sitten und Bräuche nachhaltig zu beeinflussen und zu ändern. Bei uns in Deutschland haben ja schon reichlich 40 Jahre Trennung genügt, um deutliche Unterschiede zwischen West und Ost entstehen zu lassen.

Leider ist dieses Geben und Nehmen zwischen Römern und Barbaren bis auf einige offensichtliche »Importe« nur schwer zu fassen.

Was die Kelten dazulernten, war die Tatsache, dass man mit Hilfe von

Sie beherrschten auch die Goldbearbeitung.

Kalkmörtel feste Mauern und richtige Steinhäuser bauen konnte. Dazu gehörte der Luxus, dass auch ein simpler Bauernhof ein eigenes richtiges Bad hatte. 1500 Jahre später mussten sich die preußischen Könige noch Badewannen aus benachbarten Hotels ins Berliner Schloss schleppen lassen, wenn sie das Bedürfnis verspürten, sich einmal gründlicher zu waschen.

Dazu gehörte damals auch die Fußbodenheizung, auch heutzutage bei uns noch ein gewisser Luxus. Dazu gehörte der Import von Weinreben, der seitdem zu einer ausgedehnten Industrie deutscher Weinseligkeit und Genüsslichkeit geführt hat, die man passenderweise auch aus »Römern« zu sich nehmen kann. Dazu gehört die Tatsache, dass die Widerristhöhe der Rinder allmählich anstieg, ein Hinweis darauf, dass eine Kreuzung offenbar größerer römischer mit einheimischen keltischen Rindern stattgefunden hat, während die Römer ihrerseits als Schutzgöttin der Pferde die keltische Göttin Epona übernahmen – Kulturaustausch im Stall. Und dazu gehört endlich auch die eher kuriose Tatsache, dass die Kelten endlich lernten, Gebäude rechtwinklig zu bauen statt die neunzig Grad nur großzügig anzupeilen.

Die für manche entscheidende und bleibende Bereicherung des Abendlandes fand allerdings auf einem anderen Gebiet und ganz woanders statt. Es gibt viele Theorien, die gängigste aber ist, dass es Julius Cäsar und seine römischen Legionäre waren, die ein Spiel nach England brachten, das König Eduard III. im Jahr 1365 zwar als »närrisches Spiel« verbot, das aber nach 1880 auch auf dem europäischen Kontinent populär wurde – den Fußball.

Bei der wechselseitigen Beeinflussung oder Übernahme anderer Kulturgüter sind wir weniger gut im Bilde. Ein Grund für diese Unkenntnis ist die simple Tatsache, dass wir von den Betroffenen selbst keinerlei schriftliche Zeugnisse haben und dass die wenigen Aussagen von römischer Seite nur Momentaufnahmen und zudem tendenziöse Schilderungen Fremder sind, die sich auch noch überlegen fühlten. Und eine kontinuierliche römische Darstellung der Entwicklung, die im süddeutschen Raum von den Kelten und ihren Kulturstufen über Chatten, Helvetier und Alamannen bis zu den Germanen der

Völkerwanderungszeit reichen würde, gibt es schon dreimal nicht.

Sicher ist nur – aber dafür war dort die römische Besatzungzeit ja auch länger und intensiver –, dass die linksrheinischen Gallier in ihre Sprache, das spätere Französisch, weit mehr Begriffe, Wörter und Konstruktionen aus dem Lateinischen übernommen haben als umgekehrt. Wer Latein kann, versteht daher auch heute aus dem Stegreif mehr französische Vokabeln als andere Mitmenschen.

Kurioserweise ist umgekehrt die keltische Bezeichnung eines Gewandes – wohl eine Art Kapuzenmantel – ins Römische gewandert und dann als Spitzname an dem Mann hängen geblieben, der das Kleidungsstück in Rom einführte. Der Mann, der Marcus Aurelius Antoninus hieß, ist in der Weltgeschichte unter dem Namen dieses keltischen Mantels bekannt: Kaiser Caracalla (reg. 211–217).

Forschung im Konjunktiv

So stammt das Wenige, das wir wissen, vor allem aus archäologischen Funden. Wieweit man die wiederum für typisch halten kann, ist auch nicht in jedem Fall erwiesen. Dass man in einem alten Brunnen Austernschalen gefunden hat, kann ja wohl nicht bedeuten, dass sich die alten Germanen ständig und überall von Austern ernährt haben.

In einer solchen Situation verfallen nun Wissenschaftler leicht in die Versuchung, eigene, völlig unbewiesene Vermutungen, Wünsche und

Der Historiker Theodor Mommsen

Phantasien in wissenschaftlicher Verbrämung in ihre Texte einzuschmuggeln. Dann liest man solche unverbindlichen Sätze wie »Von weitreichender Bedeutung könnte eine Fortentwicklung landwirtschaftlicher Arbeitsgeräte und damit wohl auch der Agrartechnik insgesamt geworden sein« und »ertragreichen Getreideanbau im alemannischen Gebiet, der vielleicht noch von den römischen Grundlagen zehrte«. Oder: »in der frühen Reihengräberzeit könnte allerdings der Ackerbau zurückgegangen sein«, wohingegen die Pferdezucht eine »wichtige Rolle gespielt haben muss«. So »scheinen in dieser Phase neue Grundmuster entstanden zu sein«, die einen »tiefgreifenden Wechsel vermuten lassen«, denn »nach allen Befunden dürfte ...«; und gleich noch einmal gedurft: »Hier darf man wohl zunächst mit der Weiternutzung durch die Alemannen rechnen.«

Diese Art konjunktivischer Forschung – und ich habe hier nur einen Bruchteil dieser »Dürfte-hätte-wenn-vielleicht«-Sätze zitiert, die sich allein zu diesem Thema im »Handbuch der baden-württembergischen Geschichte« finden –, diese Art unverbindlicher Phantasie-Fakten beweist gar nichts.

Mommsen und die Fakten

Da ist mir Theodor Mommsen lieber, der als junger, etwas über dreißigjähriger Gelehrter seine berühmte »Römische Geschichte« schrieb und dafür 1902 den Nobelpreis bekam. »Eine Durchdringung der beiden Nationalitäten«, schrieb er, »und eine daraus hervorgehende Mischkultur, wie das romanisierte Keltenland, hat das römische Germanien nicht aufzuweisen oder sie fällt für unsere Auffassung mit der römisch-gallischen umso mehr zusammen, als die längere Zeit in römischem Besitz gebliebenen germanischen Gebiete auf dem linken Rheinufer durchaus mit keltischen Elementen durchsetzt waren und auch die auf dem rechten, ihrer ursprünglichen Bevölkerung größtenteils beraubt, die Mehrzahl der neuen Ansiedler aus Gallien erhielten.« Und so bedauert er, »dass es der deutschen Nation versagt geblieben ist, sich aus sich selbst zu entwickeln«.

Aber auch die Römer bekamen ihren Teil. Mommsen meint nämlich, es habe eher eine Germanisierung der Romanen stattgefunden. Gelegenheit dazu gab es genug: Germanen dienten im Heer, waren in der Verwaltung, bildeten »Mischstaaten« der Westgoten in Spanien und Gallien, drangen als Vandalen bis nach Afrika vor, die Langobarden siedelten in Norditalien

– aber das ist ein anderes Thema und eine andere Zeit.

Die Vermischung freilich und die gegenseitige Übernahme von Fertigkeiten, Bräuchen und Sitten hatten schon früher begonnen. Von Caracalla wird zum Beispiel berichtet, dass sich die Germanen einigermaßen wunderten, wenn der Römer sie in germanischer Tracht empfing, das heißt in silberbeschlagener Jacke und die Haare und den Bart nach »deutscher« Art gefärbt und geordnet. Kein Wunder: Lange blonde Frauenhaare waren längst ein Exportschlager nach Rom. Und Kaiser Tiberius (reg. 14–37), der Schlemmer, ließ sich schon längst jedes Jahr aus Germanien eigens eine Ladung Mohrrüben und Rapunzeln schicken, was will man mehr.

Bissula und die Völkerverständigung

Nach all den nüchternen Zahlen, Daten und Berichten zum guten Schluss dieses Kapitels nun aber noch eine liebenswerte Variante einer »Durchdringung der beiden Nationalitäten«. Es ist die immer wieder rührende Geschichte einer unerwarteten Liebe über die Grenzen hinweg. Da hatte ein Römer mit Namen Ausonius unter Kaiser Valentinian im Jahr 368 von Trier aus an einer Strafexpedition in den Südschwarzwald teilgenommen und einen Beuteanteil erhalten, den man heute als Schwarzwaldmädel vermarkten würde. Er verliebte sich in die Alamannin, nahm sie zur Frau, kehrte über den Rhein nach Trier zurück und schrieb ein Liebeslied über sie, ohne das wir nie etwas von den beiden erfahren hätten. Es ist zugleich das älteste erhaltene Liebesgedicht für eine Germanin, oder, wem es lieber ist: für eine Schwäbin.

Hier ist es:

»Bissula, drüben zu Hause, dort über dem eisigen Rheinstrom, / Bissula, die oft belauscht heimlich der Donau Quell; / Kriegsgefangene, dann frei vom Feind gelassen, sie herrscht nun / In dem Bereich des Mannes, dem sie der Kriegsgott geschenkt.

*

Wenn auch durch Latiums Gesittung ihr Wesen ein andres geworden, / Blieb sie Germanin doch stets, Augen blau, blond auch ihr Haar. / Zweifel erweckt bald die Sprache und die Gestalt meines Mädchens; / Hiernach wär' sie am Rhein, danach in Latium zu Haus.

*

Herzblut, Wonne, Zeitvertreib, Liebe, Lust, / Barbarenkind! Und doch stellst du die Mädchen Latiums in den Schatten, / Bissula, gröblicher Name für ein zartes Mädchen, / Wohl etwas garstig für den, der ihn nicht gewohnt, doch deinem Herrn gar lieblich.

*

Wohlan denn, Maler, / Mische purpurne Rosen und mische Lilien / Und die Farbe, die aus beiden wird – eben die soll die ihres Angesichts sein!«

Wahrlich, wahrlich, ist es nicht schön?

Gallier, Kelten und Germanen

Im 4. Jahrhundert vor Christus kannte man im alten Hellas vier große Barbarenvölker: die Lybier in Afrika, die Perser im Orient sowie Skythen und Kelten in Europa. Von Germanen, wo auch immer sie sich zu dieser Zeit befunden haben mögen, war keine Rede.

Bleiben wir zunächst bei den Kelten. Der Name »Kelten« (griechisch Keltoí oder Kéltai und Galátai, lateinisch Celtae und Galli) bezeichnet bei den antiken Ethnographen kein bestimmtes Volk oder einen einheitlichen Stamm, sondern eine Vielzahl unterschiedlicher Völker in Mitteleuropa, wobei die älteste zuverlässige Erwähnung von Kelten von dem griechischen Geschichtsschreiber Herodot (nach 490 – nach 430 v. Chr.) stammt. Er siedelte die Kelten im oberen Donautal an. Als ihre Urheimat gilt jedenfalls der Raum Böhmen / Bayern / Bodensee / Baden.

Von hier aus breiteten sie sich vom 4. Jahrhundert vor Christus an über Gallien bis Spanien und Portugal, nach Britannien und Irland sowie südostwärts nach Italien, Griechenland und Anatolien aus. In den Jahren 387/386 vor Christus eroberten sie Rom, 369 standen sie auf der Peloponnes und 279 tauchten sie in Delphi auf.

Auf dem Heimweg gründeten die einen dabei Singidunum (Belgrad), die anderen ein Reich in Thrakien, während sich eine dritte Gruppe in Kleinasien in einem Gebiet ansiedelte, das seitdem nach ihnen Galatien genannt wird und wohin seinerzeit der Apostel Paulus seine beiden Briefe an die Galater schrieb. Wieder andere siedelten südlich der Alpen in Gallia cisalpina, das heißt in der Po-Ebene.

Dass wir die Ausbreitung der Gallier so genau verfolgen können, hat zwei Gründe, denn wo uns die antiken Schreiber mit Details im Stich lassen, hat die Wissenschaft andere Möglichkeiten gefunden, das Gebiet der Kelten genauer einzukreisen und zu definieren. Die eine ist die vergleichende Sprachwissenschaft, die zu dem Ergebnis kam, dass das Keltische den westlichen Zweig der indoeuropäischen Sprachfamilie bildet, die das Germanische, Italische, Baltische, Slawische, Iranische, Griechische, Armenische, das Hethitische in Kleinasien, das Indische und das Tocharische in Zentralasien umfasst.

Für unsereinen ein einfaches Beispiel, wie selbst noch die Relikte einer Sprache dabei helfen können, einen Volksstamm zu lokalisieren: Nach der alten Weisheit, dass (normalerweise) die Konsonanten eines Wortes die Bedeutung transportieren, weshalb man auch im Deutschen noch viele Worte lesen kann, wenn man die Vokale weglässt, kann man an heute noch exis-

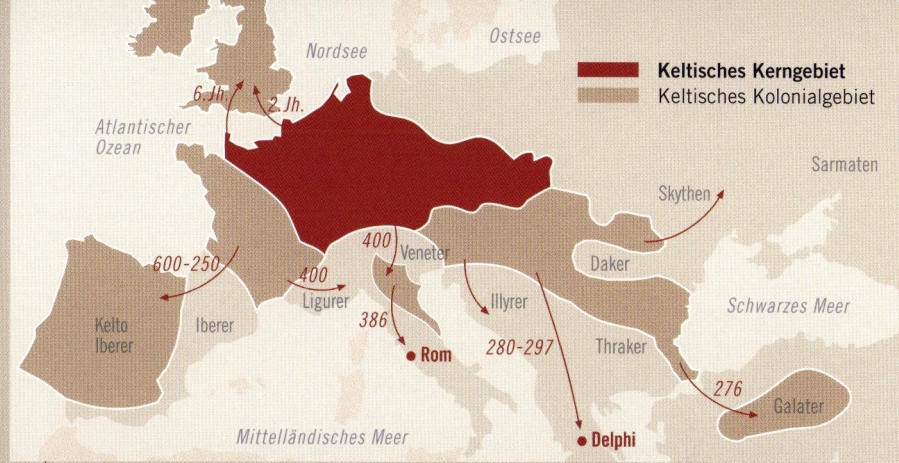

Siedlungsgebiete der Kelten

tierenden Bezeichnungen auf keltische Siedlungsflächen schließen, wenn die Konsonanten »k-l-t« (wie im Wort »Kelte«) oder »g-l« (wie in »Gallier«) aufeinander folgen.

So nimmt es nicht wunder, dass im schottischen *Kaledonien* Leute herumlaufen, die einen *Kilt*, einen Schottenrock, tragen und *gälisch* sprechen: Es sind die Nachfahren der so genannten Inselkelten, die heute noch in *Glasgow* in einem »Celtic Club« Fußball spielen. Und als der Apostel Paulus seine beiden Briefe an die *Galater* schrieb, so war auch das, mitten in der Türkei, einst ebenso keltisches Gebiet wie das heute spanische *Galizien*.

Das andere Mittel ist die moderne Archäologie, die einigermaßen genau das Siedlungsgebiet der europäischen Kelten abgrenzen kann, indem sie gleiche Funde aus der gleichen Zeit einer gleichen Kultur und Bevölkerung zuordnet. Die Stichworte heißen hier Hallstatt und La Tène. Es begann im Jahr 1846, als Georg Ramsauer, seines

Zeichens Leiter der staatlichen Saline von Hallstatt im österreichischen Salzkammergut, daran ging, auf dem Gelände seiner Saline die Gräber eines prähistorischen Friedhofes freizulegen. In den folgenden fünfzehn Jahren entdeckte er nicht weniger als 980 Skelette aus der Zeit zwischen 1000 und 500 vor Christus.

Die eigentliche Sensation waren dabei die Beigaben und Funde: Der salzhaltige Boden hatte selbst Stoffreste, lederne Tragkörbe und hölzerne Arbeitsgeräte konserviert. So besaß man, zusammen mit Bronzefiguren, Schmuck und Waffen, auf einmal Dinge des täglichen Lebens, die fast zweieinhalbtausend Jahre alt waren und von nun an nach dem Fundort der Hallstatt-Kultur zugerechnet wurden.

Es ist eine seltsame Duplizität der Ereignisse, dass man im gleichen Jahrzehnt in der Schweiz bei Marin am Neuchâteler See in einem La Tène genannten flachen Uferstreifen sozusagen die Fortsetzung der Hallstatt-Kultur entdeckte. Nun konnte man diese Epoche der Eisenzeit in eine frühere und eine spätere Periode einteilen, die nach ihren Fundorten Hallstatt- und La-Tène-Kultur genannt wurde.

Die La-Tène-Kultur wurde im Winter des Jahres 1853 zufällig entdeckt, als beim Absinken des Wasserspiegels am Nordufer schwärzliche Balkenstrukturen am Ufer sichtbar wurden. Archäologen untersuchten sofort die Fundstelle und fanden eine große Anzahl von Schwertern, Scheiden, Speeren, Schildbuckeln, aber auch Werkzeug aller Art, Schmuck und Münzen. All diese eisenzeitlichen Fundstücke waren jünger und anders als die Funde in Hallstatt. Datierte man Hallstatt in die Zeit von 1100 bis ins 5. Jahrhundert vor Christus, so setzte die La-Tène-Zeit in der zweiten Hälfte des 5. Jahrhunderts ein und endete mit der römischen Besatzung.

Ergebnis: Bis heute ist es üblich, die ausgehende Hallstatt-Kultur und die La-Tène-Zeit zeitlich und örtlich mit den Kelten gleichzusetzen. Zahlreiche weitere Ausgrabungen und Funde, auch Städtegründungen, Münzprägungen und die bescheidene Nutzung der Schrift, aber auch allein schon die Existenz der vielen keltischen Viereckschanzen in Süddeutschland bis hinüber nach Frankreich ermöglichen es, das Land der Kelten auf Karten einigermaßen verlässlich nachzuzeichnen.

Das aber führt zu einem Konflikt mit Cäsars apodiktischer Feststellung, dass links des Rheins Gallier, also Kelten, rechts des Rheins aber Germanen gewohnt hätten. Damit konnte er zwar ganz plausibel begründen, warum er als zusammenhängendes Gebiet ganz »Gallien« eroberte, sich aber beim sozusagen fremden rechtsrheinischen »Germanien« ziemlich passiv verhielt.

In Wirklichkeit war die Unterscheidung zwischen Germanen und Kelten kein Ost-West-, sondern ein Nord-Süd-Problem. Man ist sich einig, dass der westgermanische Stamm, der sich Alamannen oder auch Alemannen nannte, um 400 vor Christus an der unteren Elbe siedelte und erst allmählich nach Süden vorrückte. Im Westen zunächst vereinzelt entlang des Rheins und weiter östlich bis zur Donau bei Regensburg. Erst danach wurde Süddeutschland »germanisch«, was auch immer das heißt.

Waren die Leute an Neckar, Donau und Oberrhein nun auf einmal alle Alamannen, also Germanen? Wohin waren dann die Kelten verschwunden? So schnell können die Kelten ja gar nicht untergegangen sein, zumal von Kämpfen und Krieg nichts überliefert ist. Wurden einfach nur Namen ausgewechselt? Der Historiker Reinhard Wolters schreibt jedenfalls in seinem Buch »Die Römer in Germanien«, es zähle »zu den besonderen Eigentümlichkeiten dieses Vorganges, dass der Germanenbegriff Cäsars somit der eigentlichen Ethnogenese (Entstehung) der ›Germanen‹ vorausgegangen ist, und es fragt sich, inwieweit man überhaupt von einem einheitlichen ›Germanentum‹ sprechen kann«. Wie dem auch sei: »Barbaren« waren sie alle.

Unter Römern leben

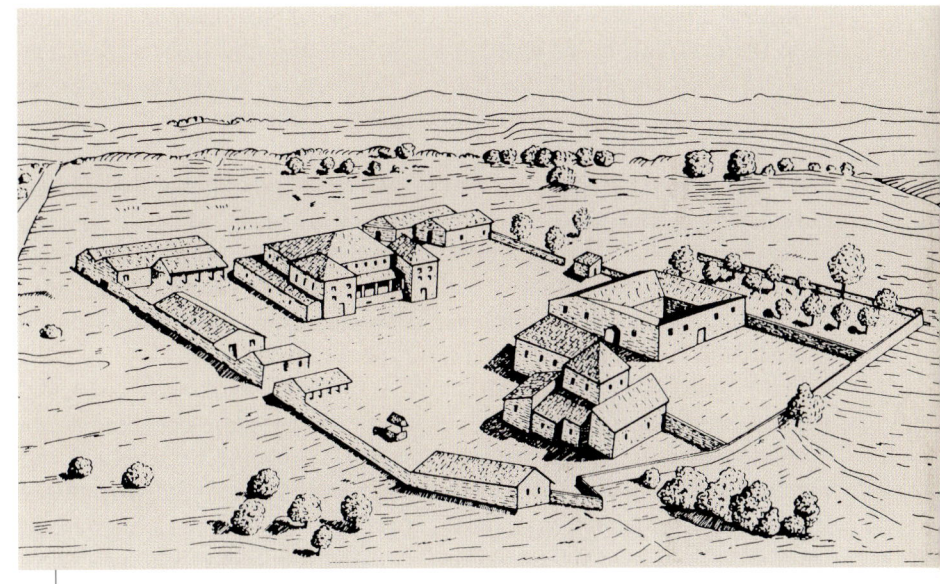

Rekonstruktion einer villa rustica mit Umfassungsmauer, Haupthaus und Nebengebäuden

Wo sie wohnten

Allein schon aus der Tatsache, dass die römischen Legionäre mit ihren Familien wohnen und ernährt werden mussten, erklärt es sich, dass innerhalb des Limesgebietes entlang den Grenzen ein dichter Gürtel von Bauernhöfen entstand, die die Römer »villa rustica« nannten, was im Französischen zu ville (Stadt), im Englischen zu village (Dorf) und im Deutschen zum Weiler und dem einzeln stehenden Haus, der Villa, geworden ist.

Zu diesen von römischen Soldaten und Veteranen bewirtschafteten Höfen kamen die keltischen hinzu. Aufgrund von Ausgrabungen und der Luftbildarchäologie geht man dabei allein im Gebiet Baden-Württemberg von etwa 5000 Gehöften aus, von denen annähernd tausend genauer untersucht worden sind. Das gibt uns zugleich einen Anhaltspunkt, wie dicht, oder wenn das Wort besser trifft: wie dünn besiedelt das Land damals war. Um die 50 bis 100 Hektar Land zu bewirtschaften, die normalerweise zu einem Gut gehörten, waren etwa 15 Knechte und Mägde nötig. Das heißt, dass in diesen obergermanischen villae rusticae an die 75 000 Menschen lebten, Kinder und Alte nicht mitgerechnet.

Was uns dabei erst einmal seltsam vorkommt: Diese Bauernhöfe lagen, ohne Dörfer zu bilden, als Einödhöfe verstreut in der Landschaft. Das hatte seinen Grund darin, dass sich mit der Besetzung des Landes durch die Römer auch der Status der keltischen Einwohner geändert hatte. Aus freien Kelten waren auf einmal Untertanen geworden, ja, in einer kuriosen Umkehrung der Wirklichkeit nannten die Römer diese keltischen Ureinwohner sogar »Fremde« – und das nur, weil sie ihnen, den Römern, fremd waren.

Hatten diese keltischen Ureinwohner das Land in kleinen Dorfgemeinschaften als ihr Eigentum bewirtschaftet, so wurden sie nun auf einmal coloni, das heißt Erbpächter auf römisch-kaiserlichem Land. Hatten sie bisher stamm- oder gauweise Tribut an die Römer zahlen müssen, wurde nun jeder einzeln nach der Größe seines Grundbesitzes besteuert. Das aber hieß: Die bisherige Feldgemeinschaft einer Siedlung wurde aufgelöst und der Boden unter den einzelnen steuerpflichtigen Familienhäuptern aufgeteilt. Da es sich nun als praktisch erwies, seinen Hof möglichst in der Nähe des zugeteilten Bodens zu haben, lösten sich auch die Sippendörfer auf und es entstanden die in der Landschaft verstreuten Güter, oder vornehm in lateinischer Mehrzahl: die villae rusticae.

Gebaut wurden diese Einödhöfe in größerer Zahl um das Jahr 100 nach der Zeitenwende und später – die Römer hatten ja überhaupt erst um 85 Germania superior ernsthaft besetzt und mit dem Limesbau begonnen. Bevorzugt wurden dabei verständlicherweise Flussniederungen und Quellen, aber auch der Sonne zugewandte Talhänge. Sieht man sich das auf einer Karte an, so ist denn auch der Neckar zwischen Cannstatt und Bad Wimpfen auffallend dicht getupfelt. Es folgt dann an Dichte der Bereich zwischen Donau und Alb, aber auch die Ostalb zwischen Aalen, dem Nördlinger Ries und der Donau.

Die Höfe selbst waren stets von einer Mauer umgeben, die zwischen einem und fünf Hektar Land umschlossen. In der Mitte stand jeweils das Hauptgebäude, umgeben von Ställen und Speichern, Scheunen, Werkstätten und Schuppen sowie Brunnen und, wenn's etwas vornehmer zuging, einem eigenen Badegebäude. Wenn genügend Platz war, gab es auch Obstwiesen und Nutzgärten, auch eigene Dreschplätze konnten nachgewiesen werden.

Mauern für die Ewigkeit

Anfangs waren es vermutlich noch Holzhäuser, die sich die Kelten bauten, bis sie den Römern ihre Steinvillen abguckten. Was einem dabei heute auffällt, sofern nach zweitausend Jahren noch Wände erhalten sind: Das Mauerwerk dieser villae rusticae war ziemlich robust. Die tragenden Mauern waren im Durchschnitt 60 bis

80 Zentimeter dick, die Zwischenmauern immerhin noch 40 bis 60 Zentimeter. Außenmauern brachten es sogar auf 1,20 Meter.

Entsprechend waren die Fundamente. Breiter als die spätere Mauer über der Erde wurden zunächst unbehauene größere Steine mit viel Mörtel in die Ausschachtungen geworfen, die mit einer Schicht großer Quader abgedeckt wurden. Auf ihnen wurde dann mit viel Mörtel die eigentliche Mauer hochgezogen. Dazu verwendete man fast durchweg kleine Steinquader von acht bis zwölf Zentimeter Höhe und 15 bis 25 Zentimeter Länge, wie man sie zum Beispiel bei der Rekonstruktion der Mauer im Freilichtmuseum zum Rätischen Limes bei Dalkingen noch sehen kann.

Das Ganze war dann wie für die Ewigkeit gebaut, denn auf diesem elefantendicken Sockel kam bestenfalls an den Ecken und bei der Mittelhalle noch ein zweites Geschoss dazu. Das Gemäuer war nicht nur sicher, das sah auch sicher aus, und darauf kam es den Römern damals an, zumal sie hier auf dem Land ohnehin mehr nach Gefühl als nach Berechnung bauten.

Dass bis heute all diese gewaltigen Wände verschwunden sind und höchstens noch einen Meter hoch aus dem Erdboden ragen, hat einen anderen Grund: Bearbeitete Steine waren zu allen Zeiten wertvoll – sie konnte man in einem neuen Gebäude weiterverwenden. Mit anderen Worten: Höfe, Wachttürme und der halbe Limes, sofern aus Stein, verschwanden im Lauf der Zeit

Modell der villa urbana
von Heitersheim

in den Bauwerken späterer Zeiten und Epochen. Recycling der Antike.

Verputzt wurde mit Kalk, und Flurnamen wie »Im Kalk« erinnern noch an frühere Kalkgruben. Der Putz wurde vor einer Bemalung geweißelt. Ortsnamen wie Rottenburg oder Rottweil haben zu der Vermutung geführt, dass die Häuser oft rot gestrichen waren.

Schießscharten mit Fensterglas

Aber auch das Aussehen der Hausfronten können wir nur vermuten: Es ist kein Mauerstück eines Wohnhauses erhalten, an dem man beispielsweise ablesen könnte, in welcher Höhe die Fenster begannen. Was wir haben, ist die umgefallene, vollständig erhaltene, aber inzwischen abgeräumte Mauer eines Wirtschaftsgebäudes in Oberndorf-Bochingen, bei der allein das Eingangstor 5,50 Meter hoch ist und die Fenster überhaupt erst in den

So waren damals die Dächer gedeckt.

oberen Stockwerken beginnen. Von anderen Bauten lässt sich allerdings schließen, dass auch die Fenster der Wohngebäude sehr hoch lagen, sehr schmal waren und sich schießschartenartig nach innen erweiterten. Sie waren ja auch nicht zum Hinaussehen gemacht, sondern um den Raum zu beleuchten.

Zu sehen gab es an kalten Tagen ohnehin nicht viel. Mit gegerbten Tierfellen, mit Holzläden oder ganz einfach mit Stroh versuchte man, die Kälte auszuschließen – so wie es bei uns noch im Mittelalter üblich war. Nur dass die Römer damals schon etwas weiter waren. Just in dieser Zeit nämlich, also der ersten Hälfte des 1. Jahrhunderts nach Christus, begannen die Römer auch in den Provinzen, Glas auch als Fensterscheiben zu benutzen. Und das ist mal keine Vermutung: Scherben von Fensterscheiben wurden nicht selten im Bauschutt gefunden; zwar trübes, grünliches Glas, zwei Millimeter dick und mit verdickten Rändern, aber eben echtes Fenster-

glas, was sich im Mittelalter nur die Reichen leisten konnten.

Dachziegel mit Rehspuren

Mit den Dächern war es ähnlich. In den Kastellen mit ihren Baracken hat man nur ausnahmsweise Dachziegel im Schutt gefunden. Diese Blockhaus- oder Lehmfachwerkbauten müssen also mit Holzschindeln oder Stroh gedeckt gewesen sein. Ähnlich war es am Anfang auch mit den Gehöften, und bei den Nebengebäuden der Gehöfte blieb es oft auch dabei. Man benutzte zum Decken Tannenschindeln, 60 Zentimeter lang, zehn Zentimeter breit und oft bis zu einem halben Zentimeter dick; solche fand man nämlich in einem römischen Brunnen in Donnstetten.

Bei Wohngebäuden und Bädern dagegen findet man in der Regel zahlreiche Bruchstücke von gebrannten Dachziegeln im Schutt. Es waren meist ziemlich große Flachziegel, nach heutigen Maßstäben etwa zwischen DIN A 3 und DIN A 4 und oft bis zu zweieinhalb Zentimeter dick. Diese Platten hatten an den Längsseiten erhöhte Leisten, die dem Ganzen bis heute den Namen gaben: Aus den tegula wurde das Wort Ziegel.

Damit es nicht durchregnete, wurden die auf dem Dach nebeneinander liegenden Leisten mit halbrunden Ziegeln überwölbt, sodass ein römisches Dach aussah wie bei uns mittelalterliche Dächer, die mit gegenständig gewölbten Ziegeln gedeckt waren und die folglich und ziemlich despektierlich Mönch und Nonne genannt wurden.

Wir können sogar noch mehr über das Aussehen der Dächer sagen. Bekäme ein Mann wie Sherlock Holmes einen dieser alten Dachziegel in die Hand, würde er einen kurzen Zug aus seiner Shagpfeife tun und feststellen, dass die Dachneigung nur 30 bis 40 Grad betragen haben kann. Ganz einfach: Da die Ziegel weder Nasen hatten, um sie auf Dachsparren einhängen zu können, noch, bis auf einige Ausnahmen, Löcher, um sie auf der Auflagefläche festzunageln, müssen die Dächer ziemlich flach gewesen sein. Sonst wären ja die ohne Mörtel aufgelegten Ziegel durch ihr eigenes Gewicht vom Dach gerutscht.

Und wenn jetzt noch einer daherkäme und behauptete, die Ziegel seien vor nahezu zweitausend Jahren zum Trocknen einfach im Freien auf den flachen Boden gelegt worden, bevor sie gebrannt wurden, dann beweist das zunächst nichts weiter als Phantasie und Commonsense. Natürlich, so kann es gewesen sein.

Sherlock Holmes aber würde seine Lupe hervorziehen, den Ziegel von beiden Seiten ansehen und nicken: »Genau so war es, mein lieber Watson!« Denn kurioserweise kann man so ein unwichtiges Detail tatsächlich auch beweisen.

Man hat genügend Ziegel gefunden, deren Unterseite den Abdruck des rauen Sandbodens wiedergeben, auf dem sie gelegen haben. Ja, noch mehr: In der Villa von Ummendorf fand man etwa 60 Ziegelplatten nicht nur mit Fährten von Hund, Schaf, Reh, Dachs und Pferd und Hühnern, die über die ausgelegten Platten hinweggelaufen sind, sondern auch die Spuren von einem Mann und drei Kindern.

Oft findet man noch Tierspuren auf den Ziegeln.

Versteht sich, dass wir natürlich auch wissen, wie vor 1800 Jahren der Ziegelhersteller in Großbottwar hieß. Nicht umsonst hatte der Mann seine Produkte vor dem Brennen mit seinen Initialen GLSP gestempelt. Nun brauchte nur noch im Jahr 1710 einer daherzukommen und in Großbottwar eine Weihe-Inschrift aus dem Jahr 201 auszugraben, die einem Gajus Longinius Speratus gewidmet war – und schon war nach kaum 1509 Jahren das Rätsel GLSP gelöst.

Viel Obst stand auf dem Speisezettel der Römer.

Was sie aßen

Wenn man nun gar noch wissen will, was diese Menschen damals gegessen haben, sind wir auch hier nicht auf das »dürften vielleicht«, »könnten«, »vermutlich« und »wahrscheinlich« der Konjunktiv-Historiker angewiesen. Nichts ist schöner als stattdessen einen alten, als Abfallkippe benutzten Brunnen zu finden und auszugraben. Knöchelchen zählen, Kerne bestimmen und Pollen analysieren – das ist hier die wahre Wissenschaft.

So wissen wir, dass an Getreidesorten Dinkel, Emmer, Einkorn und Roggen angebaut wurden. Ja, seitdem man in einer villa rustica in Oberkochen die 2000 Jahre alten Getreideproben aus dem Keller ausgezählt hat, wissen wir sogar, dass es 81 % Dinkel, 8 % Roggen, 5 % Spelzweizen, 3 % Einkorn und 1 % Hafer waren. Hinzu kamen mit je 1 % Hirse und Gerste, die aber nur als Futtermittel verwendet wurden. (Da ist also noch nichts mit »Gerstensaft«!)

Zu den Grundnahrungsmitteln gehörten natürlich auch Hülsenfrüchte wie Bohnen, Erbsen und Linsen, doch hier kann ich leider nicht mit Prozenten aufwarten. Dagegen erfährt man aus einem alten Brunnen in Rainau-Buch im Ostalbkreis, dass man es damals mit den Möhren hielt: 18 % des Alltagsgemüses bestand aus Möhren und 5 % aus Pastinaken (eine wild wachsende »Hammelmöhre«), 5 % aus Feldsalat und je 1 % aus Runkelrübe und Mangold.

Dazu kamen Ölsaaten: 10 % Mohn und je 4 % Lein und Hanf. An Obst und Nüssen gab es Pflaumen, Zwetschgen, Äpfel, Süßkirschen und was man an Früchten vor allem im Wald fand: Himbeeren, Holunder sowie Judenkirsche und Schlehe, außerdem Walderdbeeren, Kratzbeeren und Brombeeren sowie Haselnuss und Birne.

Kommen wir zum Knöchelchen-Zählen und dem lieben Vieh. Hier ver-

Rekonstruierter Backofen aus Hechingen-Stein

hilft uns die Abfallgrube der villa rustica aus Bondorf zu Klarheit. Von den Haustieren kam mit 55 % Rindfleisch am häufigsten auf den Tisch, gefolgt vom Schwein mit 22 % und dem Schaf mit 8 %. Das Huhn taucht erstaunlicherweise nur mit 2 % und die Hausgans gar nur mit 1 % auf. Der Rest entfiel auf das Pferd und den Hund, wobei man pietätvoll fragen kann, ob diese beiden auch tatsächlich gegessen wurden. Man hatte ja genug Wild, um Abwechslung in die Speisekarte zu bringen: Der Hirsch war mit 46 % beteiligt, gefolgt vom Hasen mit 30 % und dem Wildschwein mit 9 %. Wildvögel kamen auf 7 %. Deutlich seltener wurde das Reh gejagt – es sind 4 % – und ganz selten nur Ur, Elch und Fuchs.

Eine ganz andere Sache ist es natürlich, wenn man den Leuten dann tatsächlich in die Kochtöpfe guckt und nachsieht, was sie aus dem Angebot gemacht haben, wenn sie schon nicht,

wie in Rom, einen im Gefieder gekochten Flamingo anbieten konnten. Die Speisekarte der feinen Leute konnte zum Beispiel so aussehen:

Vorspeise: Eier, Schnecken, gesalzene Fische, Gemüse und mit Honig gesüßter Wein.

Hauptgang: Fleisch von Rind, Kalb, Schwein, Lamm, Hammel, Geflügel und Fisch mit Fischsoße. Dazu wurde Wein getrunken, zum Beispiel köstlicher Gewürzwein mit Pfeffer.

Zum Nachtisch gab es Kuchen und Obst.

Bei der ärmeren Bevölkerung und bei den Soldaten ging es einfacher zu. Da gab es eben Linsen mit Kastanien nach dem Rezept des Apicius: »Koche die Linsen. Nimm einen anderen Topf und gib die sorgfältig gereinigten Kastanien hinein. Füge Wasser und etwas Natron hinzu und bringe das Ganze zum Kochen, zerstampfe im Mörser Pfeffer, Koriandersamen, Kümmel, Minze, Raute, Laserwurzel und Floh-

In großen Amphoren wurde Wein und Öl gelagert.

kraut. Befeuchte die Mischung mit Essig, Honig und Liquamen [salzige Fischsauce], schmecke mit Essig ab und gieße sie über die Kastanien, wenn sie gar sind. Füge Öl hinzu und lasse das Ganze aufkochen. Rühre kräftig um und probiere. Wenn noch etwas fehlt, füge es hinzu. Trage in einer Servierschüssel auf und gieße bestes Öl darüber.«

Der Soldat erhielt für seinen Getreidebrei und sein täglich Brot jeden Morgen ein Kilogramm frumentum, meist ungemahlenen Weizen, den er sich selbst in einer steinernen Handmühle zerschroten musste. Um sich sein panis militaris zu backen – zu Deutsch schlicht und einfach »Kommissbrot« –, fügte er noch Mehl, Wasser und Salz hinzu, füllte den Teig in eine Teigform und buk das Brot unter glühender Asche gar. Außerdem bekam er regelmäßig Speck, Käse, Salz und Essig.

Wie sie lebten

In der »Germania« des Tacitus steht ein Satz, den alle Jungs in einem bestimmten Alter liebend gern als historische Begründung für ihren eigenen Zustand anführen würden, wenn sie ihn nur kennen würden. In dem Satz heißt es, dass die germanischen Kinder »nackt und schmutzig« heranwachsen. Ob die römischen Kinder alle immer sauberer waren, kann jeder

**Körperpflege und Badekultur gehörten zum römischen Leben dazu
(Badenweiler Thermen).**

bezweifeln, der Kinder kennt. Nur: Die Römer taten sich einiges darauf zugute, dass sie in der Badekultur und Körperpflege führend waren. Keinem deutschen Kaiser wäre es je eingefallen, zu seinem höheren Ruhm eine Badeanstalt zu bauen. Römer wie Caracalla oder Diokletian dagegen waren stolz, ihren Namen mit öffentlichen Badeanstalten zu verbinden, mit dem kleinen Unterschied, dass sie dort Thermen hießen.

Körperpflege und Badekultur waren wesentliche Elemente römischen Lebens, heißen infolgedessen so oder ähnlich die Standardsätze an dieser Stelle. Antike Badeanlagen gab es zwar schon im 5. Jahrhundert vor Christus im alten Griechenland: Wannenbäder und regelrechte Schwimmbecken wurden zum Beispiel in Olympia nachgewiesen. Aber es waren tatsächlich die Römer, die daraus im Lauf der Jahrhunderte mit riesigen Anlagen – die Caracalla-Therme misst 337 mal 316 Meter – mit Fußboden- und Wandheizung einen wahren Kult entwickelt hatten. Allein in Rom gab es zur Zeit des Augustus, also um das Jahr Null, an die 170 öffentliche Bäder auf privater Basis.

Es versteht sich, dass die Römer neben den großen Thermen in Badenweiler und Baden-Baden nun auch überall im Limesgebiet in den Kastellen und deren Zivilsiedlungen, den canabae, Bäder bauten. Es verstand sich aber ebenso, dass auch der letzte Bauernhof in der Provinz sein Bad bekam – ein Luxus, den im letzten Jahrhundert bei uns noch lange nicht jeder Städter genießen konnte und Bauern erst recht nicht. Sauberkeit und Badekultur gehören also unbestritten zu den Dingen, die die Kelten von den Römern übernahmen, auch wenn es einige Zeit dauerte. Bei Bauernhöfen, die bereits bestanden, als die Römer

Blick auf die Fußbodenheizung in Osterburken

das Land besetzten, fehlten die Badestuben, und Ausgrabungen zeigen, dass sie später und nachträglich angebaut wurden. Bei den jüngeren Bauten um das Jahr 200 waren die Bäder dagegen von vornherein im Plan vorgesehen und wurden oft als eigene Gebäude auf den Hofgeländen errichtet.

Auf Grundrissen und in den Erklärungen wirkt das dann recht pompös. Da haben die Bäder für den simplen Bauern, der gar nicht weiß, was Buchstaben sind, ein apodyterium, sprich einen Auskleideraum, ein frigidarium

cum piscina, also ein Kaltwasserbad mit Badebecken, sodann ein tepidarium, also einen Warmluftraum und endlich das lang erwartete caldarium mit piscina oder labrum, bekanntlich das Warmwasserbad mit Bade- oder Waschbecken.

In den großen Bädern in Badenweiler und Baden-Baden kann man sich den Aufwand ohne weiteres vorstellen. Da gab es warme Quellen, da brauchte man sich um die Warmbadebecken keine Sorgen zu machen, da musste man nur zusehen, dass das frische Wasser ordentlich zufloss und das gebrauchte Wasser rechtzeitig abgeleitet wurde. Wärmen musste man bestenfalls die Luft in den Räumen – und da hatten die Römer gerade rechtzeitig eine ganz neue Art der Raumheizung erfunden.

Nach der Überlieferung verdankte man sie einem Fischzüchter namens Sergius Orata. Um die Becken seiner Fischzuchtanstalt etwas anzuwärmen, war er auf die Idee verfallen, unter den Becken einen Hohlraum einzubauen und warme Luft hindurchzuleiten. Und schon war die Fußbodenheizung erfunden, oder auf lateinisch: das Hypocaustum. (Beim Küchenherd wäre das die »Unterhitze«.)

Im großen Stil sah das dann so aus, dass man den Fußboden eines Raums auf kleine Pfeiler legte, zwischen die man die Heißluft eines von außen unterhaltenen Feuers leitete. Wie gut das funktionierte, kann man in Grimms Märchen »Sechse kommen durch die ganze Welt« nachlesen, wo der König die Bewerber um die Hand seiner Tochter per Fußbodenheizung aus dem Wege räumen will.«›Ihr sollt euch nun zusammen lustig machen, essen und trinken‹, sagte er zu ihnen und führte sie in eine Stube, die hatte einen Boden von Eisen.« Und während die Sechse darin tafelten, befahl er dem Koch, darunter Feuer zu machen, »bis das Eisen glühend würde«. So geschah es, den Sechsen wurde wärmer und wärmer – und wenn einer von ihnen nicht ein Zaubermittel gehabt hätte, dass die »Speisen auf den Schüsseln anfingen zu frieren«, wären sie glatt umgekommen. (Weniger rabiate Fußbodenheizungen kann man heute noch in manchen Klöstern besichtigen, so auch im Kloster Bebenhausen bei Tübingen, wo im Parlatorium Öffnungen im Fußboden die Warmluft durchließen.)

Archäologische Grabungen, beispielsweise in Stuttgart-Bad Cannstatt, zeigen solche Anlagen mit Hypocaustum in einem Kastell. Auf den einzelnen Bauernhöfen waren derartige Anlagen natürlich bescheidener. Die Existenz von eigenen Schwitzräumen legt aber die Existenz einer weiteren Raffinesse nahe: die Wandheizung. Sie funktionierte nach dem gleichen Prinzip und kam zur Bodenheizung dazu. In der villa rustica von Wurmlingen bei Tuttlingen oder im Römerbad von Osterburken kann man zum Beispiel solche Hohlziegel bewundern, in denen die Wärme wie in einem Kamin in der Wand hochgeleitet wurde. Ein Hypocaustum nutzte also das Prinzip der indirekten Wärme eines Kachelofens. Man wärmte sich nicht an der offenen Flamme selbst, sondern an den erhitzten und langsam Wärme abstrahlenden Kacheln – nur dass die Kacheln bei den Römern gleich der ganze Fußboden und die Wände waren.

Das wiederum bedeutete, dass es ein bis zwei Tage dauerte, bis nach dem Anheizen die Fußböden und

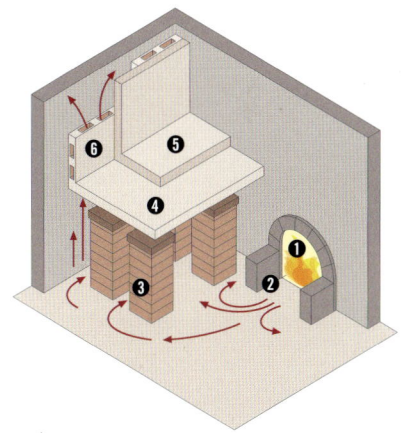

Schema einer Hypokaustanlage.
1 Feuerungsraum, 2 Heizkanal,
3 Hypokaustpfeiler, 4 Abdeckplatten,
5 Fußboden, 6 Wandheizungsziegel

Wände selbst warm genug waren, um Wärme abzustrahlen. Von einem spontanen Entschluss zu baden konnte also keine Rede sein. Heizte man aber durch, verschlangen die für südliche Länder erdachten Bäder nicht nur im Winter unsinnige Mengen an Brennstoff, das heißt an Holz, Holzkohle oder gar Torf, denn Kohlen hatte man damals noch nicht.

Und schließlich: Das Baden für nur wenige Personen war so oder so vollkommen unrentabel, wenn man ein ganzes Haus heizen musste, wo ein

Anstelle von Bassins benutzte man auch solche »Waschbecken«.

Waschzuber heißes Wasser ausgereicht hätte. Denn eins gab es ohnehin nicht: richtige Schwimm- und Planschbecken, wie man sie sich bei den heißen Quellen leisten konnte. Gefunden hat man flache Waschbecken wie in unseren modernen Bädern und kleine Tauchbecken. Aber auch dann: Wo kam das notwendige heiße Wasser her? Ganz einfach. Über dem Feuer, das das Hypocaustum heizte, waren Kessel aus Bronzeblech oder Blei angebracht, in denen das Badewasser erhitzt wurde.

In Pompeji hat man auch solche Kessel aus Blei gefunden, und schon Plinius hat sich gewundert, dass diese Gefäße auch über offenem Feuer nicht schmelzen, solange sie mit Wasser gefüllt sind, dass sie aber sofort durchbrennen, wenn man einen kleinen Stein oder eine kupferne Münze in das Wasser hineinwirft. (Das ganze Geheimnis: Wo die Münze oder der Stein liegt, kann das Blei nicht mehr genügend durch das Wasser gekühlt werden, sodass das Blei mit seinem niedrigen Schmelzpunkt an dieser Stelle zerfließt.)

Wie auch immer: Unter solchen Umständen war Baden nicht Pflicht, sondern Erholung und Vergnügen in liebevoll ausgemalten Räumen, bewacht von Fortuna balinearis, der Badegöttin. Und so hielt sich der Mann von Welt gern an folgende Reihenfolge (jedenfalls in Rom): erst der Warmluftraum zum Anwärmen und, da die Römer keine Seife kannten, das Salben des Körpers. Heute würde man die duftenden Öle und den Zweck der Salbung vielleicht eher mit einem Shampoo-Bad in Verbindung bringen. Denn

Gottheiten verehrte man in kleinen Tempeln wie hier in Hechingen-Stein.

so eingeölt erfolgte das Warmwasserbad, dem sich das Kaltbad anschloss. Danach vielleicht noch einmal ins warme Wasser und das Schwitzbad, wo man sich abreiben lassen konnte und am Ende, wohlig müde und doch erfrischt, wieder in den Warmluftraum zum Anziehen der Toga. Vorher aber kam noch eine Prozedur, die wir heute nur bei den Pferden kennen. Um das überschüssige Öl der Salbung abzustreifen, benutzte man ein sichelförmiges Messer, das lateinisch strigula heißt. So gestriegelt war der Mann von Welt wieder ebenso ansehnlich wie ein gestriegeltes Pferd.

Wen sie verehrten

Mit Besatzungsmächten kommen meist nicht nur Soldaten, neue Sitten und Bräuche, sondern auch andere und neue Götter. Den Bodentruppen folgen die himmlischen Heerscharen. Der Götterhimmel der Römer war reich bestückt mit Figuren, aber im Gegensatz zum christlichen Himmel der Dreieinigkeit war er tolerant und kannte keine Kreuzzüge.

So kommt es, dass wir nach dem Einmarsch der Römer zwischen Neckar, Rhein und Donau eine seltsame Mischung göttlicher Gestalten finden. Da gibt es natürlich Jupiter (die griechische Parallele ist Zeus), den höchsten und mächtigsten Gott, da gibt es Apollo, der Sieg im Kampf und Rettung schenkt, Victoria, die Göttin des Sieges und des Friedens; da ist Vulkan, der Gott der Handwerker, und Merkur, der Gott der Händler; da sind Diana, die Göttin der Jagd, Venus, die Göttin der Liebe, und Virtus, die Göttin der Tüchtigkeit und Tapferkeit, schließlich Minerva, die Göttin von Kunst und Wissenschaft. Sie alle wurden auch im alten keltischen Grinario verehrt, das wir heute als urschwäbisches Köngen kennen.

Dazu gehörten aber auch Götter, die die Römer irgendwo in ihrem Weltreich kennen gelernt und sozusagen adoptiert hatten. Verehrt wurde so ein Jupiter Dolichenus, den die Römer aus der Südosttürkei mitgebracht hatten und der für die Erhaltung der Weltordnung zuständig war.

Mithras und der Stier

Fremd, aber ebenso adoptiert war auch ein Erlösergott, der in jeder Not half, der die Gesetze gab und die Seelen ins Paradies leitete. Wir denken sofort an den christlichen Gott, aber es war der aus Persien stammende Mithras und der Mithraskult, der in der Tat

Der Kampf des Mithras mit dem Stier – ein ständig wiederholtes Motiv

Ähnlichkeiten mit dem sich gerade ausbreitenden Christentum hatte. So ist es denn auch kein Zufall, dass Kaiser Justinian als Geburtstdatum Christi die Nacht vom 24. auf den 25. Dezember festlegte, weil an diesem Tag die Mithrasanhänger die Wiedergeburt des »unbesiegbaren Sonnengottes« feierten. Auch die Mithrasanhänger feierten eine Art Abendmahl mit Brot und Wein, auch sie kannten so etwas wie eine Taufe.

Dieser Mithraskult war vor allem unter Soldaten und Kaufleuten verbreitet, da er offenbar ihrer Erlebnis- und Vorstellungswelt entsprach. Mithras, der persische Licht- und Sonnengott, war der allwissende Hüter der Wahrheit, des Rechts und der staatlichen Ordnung, der für das Gute kämpfte und von seinen Anhängern soldatischen Gehorsam verlangte. Als Lohn schenkte er ihnen den Sieg und die Erlösung. Militärisch mutet auch an, dass dem Kult nur Männer angehören durften und dass diese Männer wie beim Militär eine Reihe von Prüfungen abzulegen hatten, um in der Hierarchie aufzusteigen, wobei die Prüfungen von Mal zu Mal härter und strenger und schmerzhafter ausfielen.

Um was es im Einzelnen ging, wissen wir nicht, denn als Mysterienkult war er gleichzeitig auch Geheimkult, dessen Feiern in unterirdischen Räumen stattfanden. Das Wenige, was wir wissen, können wir nur aus bildlichen Darstellungen schließen, nämlich dass im Mittelpunkt des Kults die Tötung eines Stieres durch einen jungen Gott stand und dass diese Tötung der

Förderung des Lebens und der Erlösung diente.

Der Kampf des Mithras mit dem Stier ist freilich oft genug dargestellt worden, viele römische Museen im Neckarraum besitzen derartige Fundstücke. So hat das Landesmuseum in Karlsruhe ein besonders detailreiches Mithrasbild aus dem Mithräum, dem geheimen Versammlungsraum in Osterburken. Eine gute Kopie davon befindet sich auch im Limesmuseum Aalen. Ein aus Bruchstücken bestehendes, zum größten Teil jedoch ergänztes anderes Relief ist im Museum im Köngener Römerpark ausgestellt. (Andere Darstellungen sind bekannt von den Limeskastellen in Saalburg, Neuenheim, Heddernheim oder Dieburg.)

Epona, Jupiter und die Pferde

Da waren aber auch Götter, die die Römer überhaupt erst hierzulande kennen gelernt hatten: Herecura, die keltische Göttin der Unterwelt und der Fruchtbarkeit, oder Epona, die keltische Göttin der Pferde. Diese Epona, die stets im Damensitz auf einem Pferd reitet und einen Korb mit Früchten auf dem Schoß hält, hat sogar richtig Karriere gemacht: Sie scheint von da an in keinem Pferdestall des Römischen Reichs gefehlt zu haben, selbst in einem römischen Theaterstück kam sie einmal vor.

Genau das Umgekehrte, nämlich dass der universale Gott zum Lokalgott wurde, passierte hier im besetzten Germanien ausgerechnet dem Göttervater Jupiter auf den Jupitergiganten-

**Epona, die keltische Göttin
des Pferdes, wurde auch
von den Römern verehrt.**

Was man nämlich nicht beachtet und normalerweise von unten auch nicht sieht, ist, dass Jupiter über eine Menschengestalt hinwegreitet. Aber erst wenn man weiß, dass eben das der Gigant ist, und wenn man nachliest, dass in mythischer Urzeit die Giganten Mischwesen mit menschlichem Körper und Schlangenbeinen waren, die den Himmel zu stürmen versuchten, erst dann sieht man auch, dass die Beine der Giganten unter Jupiter in Schlangenkörpern auslaufen.

In der Bildersprache der Antike galt die Niederwerfung der Giganten als Symbol für den Sieg von Recht und Ordnung über die Mächte der Finsternis und über das Chaos. Und das ist nun auch der Grund, weshalb die Römer ihre Siege über die Barbaren oft im Bild des Gigantenkampfes darstellten. Nach bisherigen Funden 556 Mal im Limesgebiet und im gallischen Elsass. Die Barbaren waren die Chaoten, die Römer sorgten für Ruhe und Ordnung. Der berühmte Gigantenkampf auf dem Zeusaltar aus Pergamon mit seinen Reliefs ist eines der besten Beispiele dafür.

Dass nun ausgerechnet diese Jupitergigantensäulen etwas ganz Spezifisches für das Limesgebiet sind, hat zwei Gründe. Der eine ist, dass dieser Gigantenkampf, diese »Gigantomachie«, auf einer hohen Säule dargestellt wird; der andere, dass Jupiter auf einem Pferd reitet. Dazu Bernhard Cämmerer, Konservator am Badischen Landesmuseum: »Jupiter hoch zu Ross, das Blitzbündel schwingend, setzt triumphierend über einen von

säulen. Diese Säulenheiligtümer waren überall in Kastellen und Landgütern aufgestellt und sind bis heute ein Blickfang in den Museen. In Köngen hat man eine Nachbildung sogar mitten in der Stadt in einen Verkehrskreisel gesetzt und in Stuttgart guckt der blitzeschleudernde Jupiter, von der Menschheit allerdings völlig unbemerkt, souverän auf die Autos herab, die zwischen Altem und Neuem Schloss im Tunnel verschwinden.

Nun ist ja auch auf den ersten Blick nicht viel zu sehen. Auf einer ziemlich hohen Säule reitet da stets eine Figur, die, wenn sie noch einigermaßen beisammen ist, gezackte Blechblitze schleudert. Da man bekanntlich nur sieht, was man weiß, sei jeder entschuldigt, der bisher geglaubt hat, die Säule heiße deswegen Jupitergigantensäule, weil ein im Grunde viel zu kleiner Jupiter auf einer solch gigantischen Säule thront.

ihm besiegten Giganten hinweg. Diese Reitergruppe ließe sich mühelos als ein repräsentativer Ausschnitt aus dem jedermann bekannten mythischen

Auf der Jupitergigantensäule von Hechingen-Stein erkennt man, wie Jupiter über den Giganten reitet.

Kampf verstehen, wenn nicht die Erscheinung Jupiters zu Pferde in Griechenland und Rom völlig ungewöhnlich wäre. Man findet sein Bild dort zuweilen als Wagenlenker eines Viergespanns, des klassischen Göttergefährts; er reitet niemals. Schon früh hat man sich deshalb die Erfindung der Jupitergigantenreiter-Gruppe, deren Verbreitung sich tatsächlich ganz auf unseren geographischen Raum beschränkt, aus religiösen Vorstellungen der keltischen Urbevölkerung heraus erklärt.« Denn, so Cämmerer weiter: »Als südliche Variante der am Mittel- und Niederrhein verbreiteten Jupitersäule ist die Jupitergigantensäule das typische Monument der Jupiterverehrung im nordgallisch-obergermanischen Raum, häufig und weit verbreitet wie kaum eine andere Gattung von Kultdenkmälern.«

Warum Jupiter nur im Schwäbischen auf einem Pferd reitet, wissen wir zwar nicht. Aber wenn die Römer die keltische Epona als Schutzgöttin der Pferde übernahmen, müssen die keltischen Rösser die Römer wohl einigermaßen beeindruckt haben. Und da ist, als zweite Besonderheit und recht ungewöhnlich, die Tatsache, dass Jupiter auf einer Säule dargestellt wird – so wie die nordischen Götter hoch oben auf der Irminsul, der Weltsäule, die den Himmel stützt. Hier gehen also germanische, keltische, griechische und römische Welten ineinander über und verschmelzen, ohne sich zu bekämpfen. Jupiter als Lokalheiliger im Land der Kelten, die Irminsul als Himmelssitz des römischen Jupiter.

Römisches Steno

Auch wer jahrelang auf der Schule Latein gelernt hat, steht hilflos vor römischen Votivtafeln und gemeißelten Texten, wie man sie zu Dutzenden in Museen findet und in Büchern gedruckt sehen kann. Das liegt daran, dass man sich beim Schreiben und erst recht beim Einmeißeln von Standardformeln jeder nur möglichen Abkürzung bedient hat, die in den Schulen nicht gelehrt wird.

Ein Beispiel:

>J O M et Iunioni reg
C Vettius Connougus
VSLLM«

ist die übliche, jedem alten Römer verständliche Kurzfassung des Langtextes:

>Iovi optimo maximo et Iunoni reginae
Caius Vettius Connougus
votum solvit laetus libens merito«

zu Deutsch:

>Jupiter, dem Besten und Größten, und der Königin Juno / hat Caius Vettius Connougus / sein Gelübde eingelöst, froh, freudig (und) nach Gebühr.«

Das sind nur halb so viel Buchstaben im Steno wie im lateinischen Volltext und rund ein Drittel der Buchstaben des deutschen Textes.

Votivsteine unterscheiden sich im Allgemeinen nur durch die Eigennamen, der Rest besteht aus bekannten Formeln:

>J O M et Iunoni reginae
C(aius) Fabius Germanus
VSLLM«

Umgekehrt: wenn man am Anfang JOM liest und am Schluss VSLLM, dann ist es mit Sicherheit ein Votivstein, mit dem der Stifter »sein Gelübde froh, freudig und nach Gebühr eingelöst« hat.

Die Formel VSLLM spiegelt dabei den nahezu geschäftsmäßigen Umgang mit den Göttern wider: Nach dem Prinzip »do ut des« – »ich gebe, damit du gibst« – erwartet man bei einem Gelübde die Erfüllung durch die Gottheit und hat daraufhin durch den Stein »sein Gelübde gern und freudig und nach Verdienst (des Gottes) eingelöst«.

Varianten sind möglich wie bei diesem Weihestein:

>IN H D D DEAE DIANAE
COLLEGIUM CONVENARUM
LUPO ET MAXIMO COS
ID DEC«

Der volle Text lautet also:

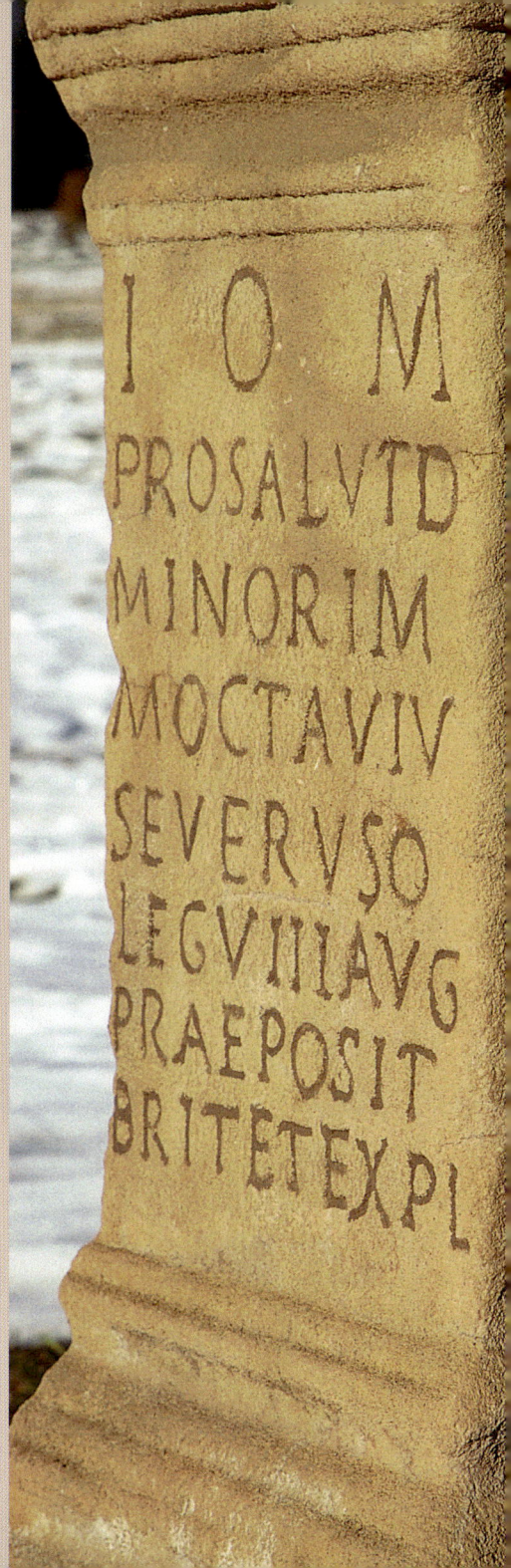

Ein rekonstruierter Weihestein
zu Ehren des Gottes Jupiter

**»In honorem domus Divinae Deae
Dianae
collegium convenarum
lupo et maximo consulibus
idibis decembribus«**

zu Deutsch:

»Zu Ehren des göttlichen Kaiserhauses
hat der Göttin Diana / die Vereinigung
von Kaufleuten (ein Standbild aufstellen lassen) / im Konsulatsjahr des Lu-
pus und Maximus am 13. Dezember
[232 nach Christus.]«

Aber auch Eigennamen Platz spa-
rend verkürzt werden. Der Widmungs-
stein in der Therme von Badenweiler
zum Beispiel stammt von einem Römer namens Sennius. Davon sind nur
die Buchstaben »SENN« eigenständig
eingemeißelt. Das folgende »I« steht
als Kleinbuchstabe auf dem »N«, und
in das »U« ist das »S« gleich mit hin-
eingeschrieben.

Und zum Schluss noch eine Entfer-
nungsangabe auf einem Meilenstein:

»A CAMB M P XI«

Volltext:

»A CAMBODUNO MILIA PASSUUM XI«

Deutsch:

»Von Kempten 11 000 Doppelschritte.«
Umgerechnet: »Von Kempten 16 265
Meter [16,25 Kilometer]« (Die römische Meile – milia passuum – entspricht
1478 Meter.)

Eine Lagerstadt bei den »Römertagen« in Welzheim

Wo sie kauften und verkauften

Die Lagerstädte

Mit dem Bau des Limes wurden nicht nur Wachttürme und Kastelle errichtet, die dem Militär vorbehalten waren. Für den ganzen Tross an Hilfskräften, Handwerkern und Krämern, die üblicherweise den Soldaten folgten und an ihnen verdienten, musste man zusätzlich außerhalb der Lager Unterkünfte schaffen. In der altväterlichen Literatur ist an solchen Stellen von »Marketendern« die Rede, einer Verballhornung des italienischen Wortes »mercatante« für Händler, wobei manche Marketenderin öfter und einträglicher auch Liebe statt Brot verkaufte.

Die Römer selbst nannten diese Lagerstädte und -dörfer, die meist an den Zufahrtsstraßen zu den Kastellen lagen, canabae, zu Deutsch schlicht und einfach »Buden«. Sie unterstanden mit ihren Verkaufsständen, Schuppen, Kneipen und Bordellen zwar der Aufsicht des Lagerkommandanten, waren aber normale zivile Siedlungen. So konnte es dort neben den Verkaufsbuden und Werkstätten also auch Tempel, Marktplätze, Thermen, Theater und Amphitheater geben – lauter Dinge also, die man in den Kasernen nicht hatte.

Es waren regelrechte kleine Landstädtchen, in denen oft auch die Familien der Soldaten wohnten. Da gab es die verschiedensten Berufe, die friedlich nebeneinander von Römern und Kelten ausgeübt wurden: Müller und Bäcker, Fischer und Metzger, Händler und Friseure, Seiler und Werkzeugmacher; da gab es Handwerker der verschiedensten Art: Töpfer, Ziegel- und Kalkbrenner, Schneider und Schuhmacher, Maurer und Zimmermänner, Schmiede und Schmuck- und Bernsteinhändler, Lehrer und Ärzte, Gastwirte und – Geldfälscher. Denn auch das gab's damals schon: Bei Rißtissen im Alb-Donau-Kreis wurde 1920 etwa 70 Meter südlich vom Kastell eine florierende Falschmünzerwerkstatt mit 267 Falschmünzerformen gefunden, wovon die jüngste bis in die Jahre 218 bis 222 nach Christus zurückgeht. Und 1954 kam in Rottenburg knapp außerhalb der alten Lagerstadt ein kleiner Schatz zu Tage. Er bestand aus 117 Denaren, nur dass sie leider gefälscht waren. Es waren Kupferstücke mit einem dünnen Silberüberzug, die aus den Jahren 217 und 218 stammten.

Kurz, es gab sozusagen alles. Und so gab es auch schon damals so etwas wie Zünfte oder Gewerkschaften, nur dass sie collegia hießen. Ihre Aufgabe war jedoch nicht, sich gegen andere abzuschotten, sondern die gemeinsame Ausübung des Kultes, das Feiern gemeinsamer Feste und, last not least, die Führung der Sterbekasse, mit der verstorbenen Mitgliedern ein anständiges Begräbnis gesichert werden sollte.

Im Lauf der Zeit gab es andererseits auch genügend reiche Handwerker, die sich dann stolz und protzig beerdigen ließen und der Nachwelt mit ihren Grabmälern imponierten. Berühmt ist in diesem Zusammenhang die so genannte Igeler Säule bei Trier. Ein 23 Meter hohes Grabmal einer

Tuchhändlerfamilie, das auf zahlreichen Reliefs in aller Bescheidenheit das umfangreiche Geschäftsleben der Familie darstellt.

Dass diese »Garnisonsstädte« einen Anziehungspunkt für die ländliche Bevölkerung bildeten, kann man sich leicht ausmalen: Hier konnte man Waren tauschen, Getreide gegen Kleidung, Bohnen gegen Schuhe und was man eben so brauchte. Hier traf man Leute, hier konnte man auch einen heben. Das mit dem »einenheben« ist übrigens nicht nur so ein Schlenker und eine Vermutung der Konjunktivforscher. Man möchte ja seinen Vorfahren nicht allzu nahe treten. Aber die Tatsache, dass das germanische Wort für »kaufen« – »kaupon« – identisch ist mit dem lateini-

Im antiken Friseursalon

**Buden und Geschäfte
wie im alten Rom ...**

schen Wort caupo für Schankwirt,
lässt einen schon etwas nachdenklich
werden. Wie leicht könnte einem da
der Reim einfallen: »... saßen am Ufer
des Rheins und tranken immer noch
eins.« Nur dass es hier Neckar und
Donau heißen müsste.

Wie aus Buden Städte wurden

Wenn nun ein Limeskastell aufgegeben wurde, konnte es leicht passieren, dass sich bei günstiger Lage so ein
Budendorf zu einem wirklichen Dorf
entwickelte, da, wie man heute sagen
würde, die notwendige »Infrastruk-
tur« ja bereits vorhanden war. Ein solcher vicus, sprich ein solches »Dorf«,
konnte sich nun selbst verwalten oder
Teil einer civitas, einer größeren
Stadtgemeinde, werden. Ein Beispiel
für diese Entwicklung ist der vicus
Grinario, eine ehemalige römische
Budenstadt, die heute Köngen heißt.

Oder ein anderes, wahrhaft illus-
tres Beispiel: Heidelberg. Die Römer
hatten das Gebiet bereits einige Jahrzehnte nach der Zeitenwende besetzt,
und im Lauf der Jahre waren dort an
die sieben Kohortenkastelle samt dazugehörigen canabae gebaut worden.
Aus ihnen entstand schon im 2. Jahrhundert eine bürgerliche Siedlung, die
wegen der reichen Tonvorkommen im
benachbarten Ziegelhausen (!) zu einem regelrechten Industriestädtchen
mit zahlreichen Töpferwerkstätten an-
wuchs. Ein Vorort dieser civitas war
die Garnisonssiedlung Lopodunum,
das heutige Ladenburg – kein Wunder,
dass wir dort viele Erinnerungen an
die Römer vorfinden. Andere canabae
wie die spätere civitas mit dem melo-
dischen Namen Sumelocennensis kennen wir heute als Rottenburg, so wie
aus der civitas Auquensium mit dem
Vorort Aquae Baden-Baden wurde –
aber genug mit Beispielen.

Auf der anderen Seite: Aus einer
solchen Budenstadt musste nicht immer gleich eine civitas, eine Stadt,
werden. Die Orte Gomadingen bei
Reutlingen und Oberdorf bei Bopfin-
gen am früheren Alblimes sind Beispiele dafür. Sie sind klein und bescheiden geblieben.

Damit wären wir unversehens wieder in der Gegenwart, und es ist schon
erstaunlich, wie leicht man zwischen
Vergangenheit und Gegenwart hin-
und herspringen kann, ohne den Fa-
den zu verlieren. So können wir nun
auch ohne Schaden den Römerspuren
im Ländle folgen und sehen, was sie
uns übrig gelassen haben.

Erinnerungen in Stein

Den Römern auf der Spur

Den Spuren der Römer zu folgen und sich vorzustellen, wie sie gelebt haben, hat nach all den Jahrhunderten seinen eigenen Reiz, auch wenn es nicht immer leicht ist. Zwar gibt es mehr als tausend Fundorte allein in Baden-Württemberg, es sind und bleiben aber immer die gleichen, wiederkehrenden Gebäudetypen: Gutshöfe, Landvillen, Kastelle und Wehrtürme. Genau die haben uns die Römer hinterlassen, aber auch die sind im Lauf von rund 1800 Jahren fast ausnahmslos bis auf die Grundmauern verschwunden.

Übrig geblieben sind Weihe- und Gelübdesteine, Grabstelen und steinerne Gottesbilder, eher provinziell als künstlerisch bedeutend und meist nur mäßig gut erhalten. Immerhin sind sie neben Schmuckstücken und Kleinplastiken die einzigen Zeugnisse künstlerischer Ausdrucksformen. Hinzu kommen Waffen, Keramik und Dinge des täglichen Lebens, bis hin zu aufschlussreichen Abfällen wie Tierknochen und Getreidekörner, die in den Museen ausgestellt sind.

Und doch lohnt es sich, diesen Spuren zu folgen. Man muss sich nur aus Hunderten von ähnlichen Möglichkeiten die interessantesten aussuchen, diejenigen, die eine Entwicklung deutlich machen oder Neues zeigen. Denn dann können auch Steine reden.

Da die räumliche Verschiebung römischer Präsenz vom Rheintal im Westen über den Schwarzwald nach Osten und von der Donau über den Neckar nach Norden zugleich auch eine zeitliche Entwicklung widerspiegelt, spricht manches dafür, unsere Erkundungen auf den Spuren der Römer ebenso nach geografischen Gesichtspunkten einzurichten.

Wir werden also parallel mit dem Ablauf der Zeit den Römern auf der Landkarte folgen und vom Rheintal (*»Die Römer am Rhein«*) über den Schwarzwald (*»Zwischen Schwarzwald, Donau und Neckar«*) nach Osten (*»Der obergermanische Limes«*), und von der Donau aus nach Norden (*»Der Rätische Limes«*) wandern, statt unsere Neugier im Zickzack alphabetisch geordneter Ortsnamen zu befriedigen.

Die Römer am Rhein

Badenweiler und das feine Leben

Es ergibt sich, dass wir mit einer der besterhaltenen und großartigsten Erinnerungen beginnen können, die die Römer nördlich der Alpen hinterlassen haben.

Unter einem modernen Glasdach: die Therme von Badenweiler

Wie die Mücken ins Licht zog es die Römer bekanntlich zu heißen Quellen, um sich dort in Thermen genießerisch zu pflegen. Eine davon, die schon die Kelten benutzten, bevor die Römer im Jahr 74 unserer Zeit das Gebiet rechts des Rheins besetzten, würde ich gern lateinisch vorstellen, aber ausgerechnet hier hat sich kein Name überliefert. Und so kann ich nur prosaisch mitteilen, dass es sich um Ba-denweiler handelt, das Thermalbad im Kreis Breisgau-Hochschwarzwald, mit etwa 3500 Einwohnern, 340 bis 360 Meter über Normalnull gelegen und mit Quellen zu 26,4 und 34,1° C versehen, die gut gegen rheumatische Erkrankungen helfen.

Erst 1784 war die römische Therme mitten im Ort am Talhang neben der Straße unter dem Bauschutt wieder entdeckt worden, den die Steinbrecher des Mittelalters übrig gelassen hatten. Man stieß auf einen gewölbten Kanal und ein Badebecken, und wenn nicht der Ortspfarrer Jeremias Gmelin gewesen wäre, wäre alles abgetragen und zerstört worden, um Steine für den Bau des markgräflich-durlachischen Oberamtshauses zu gewinnen. So aber beschloss das »geheime Kabinett« in Karlsruhe, »dass keine der entdeckten oder noch zu entdeckenden Mauern demoliert, sondern mit vorsichtiger Räumung dieser kostbaren Ruinen fortgefahren werden solle«.

Diesen erstaunlichen Beschluss verdankt die Menschheit allein dem Interesse des markgräflichen Ministers Freiherr Wilhelm von Edelsheim, der auf einer Italienreise den Wert römischer Ruinen kennen gelernt hatte. Den Ruhm freilich heimste Markgraf Karl Friedrich von Baden ein, der sie freilegen ließ. Immerhin: Es kostete ihn 9454 Gulden und 31 Kreuzer – und schon konnte man mit ihren 66

Bodenplatten und Verputz sind bei den vier großen Becken noch erhalten.

Metern Länge die besterhaltene römische Therme in Deutschland besichtigen. Ein Hoch auf den Markgrafen.

Und da stehen wir nun selber und sehen einen Grundriss zum Anfassen, sauber geputzt und unter einem modernen Glasdach. Und, wie es sich gehört, der Schwarzwaldgöttin Diana Abnoba geweiht, wie man heute noch in der westlichen Eingangshalle auf einem alten Stein lesen kann. Dass das Bad mit seiner spiegelbildlichen Symmetrie einen Grundriss vom Typ der klassischen Kaiserthermen bildet, dass also die Anlage aus einer Gruppe von vier Badehallen mit großen Thermalschwimmbecken besteht, die später durch Flügelbauten erweitert und nach einem Erdbeben in einzelnen

Räumen mit einer Hypokaustheizung ausgestattet wurde, das schreibt sich leicht, liest sich schon mühsamer und ist in der Wirklichkeit auf den ersten Blick nicht zu sehen.

Hier hilft die moderne barmherzige Museumspädagogik weiter. Man kann sich mit einem kurzen Film über Sinn und Zweck eines römischen Bades informieren und beschauen, wie es einmal ausgesehen hat mit seinen hohen Tonnengewölben und Mosaiken; man kann auf einem Steg über das ganze Bad weglaufen und begreift dann, was ich von symmetrischer Anlage und Badehallen geschrieben habe, und man kann schließlich zu ebener Erde um das ganze Bad herummarschieren und auf gleicher Höhe wie die alten Römer in die Bäder hineinsehen. Und wo man auch immer gerade ist: Plan und Erklärungen sind zur schnellen Orientierung stets in Sichtweite.

Da und dort erkennt man an den Mauerfugen und der unterschiedlichen Steinfarbe, wo angebaut wurde. Man kann sehen, wie damals Mauern gebaut wurden: außen die sauber behauenen Steine, der Raum dazwischen mit Bruchsteinen aufgefüllt. Man kann Putzschichten zählen, bis zu vier aufeinander und über jahrtausendealten Putz streichen.

Was noch? Es gibt Salbölbehälter und die Schabeisen zu sehen, hier ist ein antiker Mischwasserhahn, um den heute noch manches englische Hotel die Römer beneiden würde, dort kann man den bleiernen Wasserkanälen hinterherspüren und (nur bei Führungen) auch in die unterirdischen Gänge steigen, die unter den Badebecken sind. Und man kann seine Phantasie zurückschweifen lassen und die Hallen wieder beleben: Hier also hat damals das faule und genüssliche Leben stattgefunden, hier hat man sich unter dem Vorwand baden zu wollen amüsiert und unterhalten. »Amant, potant, lavant« – »sie lieben, trinken, baden« umschrieb später einmal ein antiker Schriftsteller das Leben in den Bädern der römischen Soldaten.

Das, was bei uns heute Erlebnisbäder heißt, kannten die Römer allemal. Fitnesstraining und Gymnastik, Badespaß und Imbissbude – alles war auch damals schon da und der Römer Seneca, Schriftsteller und Philosoph zu Ne-

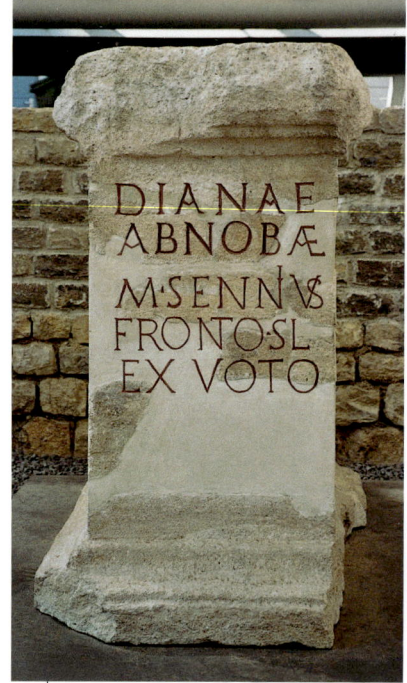

Das Bad war der Schwarzwaldgöttin Diana Abnoba geweiht.

ros Zeiten, beschrieb es in komischer Verzweiflung: »Von allen Seiten umtönt mich wirrer Lärm; denn ich wohne gerade oberhalb des Bades. Stell dir jetzt einmal alle Arten von Tönen vor, die es einen bedauern lassen, dass man Ohren hat. Wenn die Kräftigeren ihre Leibesübungen treiben und dabei ihre Hanteln schwingen, wenn sie sich abarbeiten oder auch bloß so tun, dann höre ich ihr Stöhnen und, sobald sie dem angehaltenen Atem wieder seinen Lauf lassen, ihr Zischen und heftiges Keuchen.

Wenn ich aber auf einen Müßiggänger stoße, der sich bescheiden nach plebejischer Manier salben lässt, so höre ich das Klatschen der Hand [des Masseurs] auf den Schultern, das seinen Ton ändert, je nachdem die Hand flach oder hohl aufschlägt. Kommt vollends noch ein Ballspieler dazu, der zählt, wie oft er den Ball abprallen lässt, dann ist es um mich geschehen. Nimm nun noch einen Zankteufel hinzu und einen ertappten Dieb und einen, der gern seine Stimme im Bade ertönen hört, nimm ferner noch hinzu die, die unter lautem Klatschen des aufplätschernden Wassers ins Schwimmbassin springen!

Außer diesen, deren Laute doch wenigstens natürlich sind, denke dir noch einen Haarausrupfer, der, um sich bemerkbar zu machen, wieder und wieder seine dünne, schrille Stimme hervorpresst und erst schweigt, wenn er jemandem die Haare unter der Achsel ausreißt und so einen anderen an seiner statt für sich schreien lässt. Endlich die verschiedenen Ausrufe des Kuchenhändlers, der Wurstverkäufer, der Zuckerplätzler und alle Kellner der Kneipen, die sämtlich in ihrer eigentümlichen, durchdringenden Tonweise ihre Ware anpreisen.«

Was waren das für Leute, die damals hier gebadet haben? Mit Sicherheit nicht nur römische Soldaten und keltische Bauern, deren Bäder wir noch zur Genüge kennen lernen werden. Die Thermen standen allen offen, Freien wie Sklaven, Männern wie Frauen, und da in der Regel nackt gebadet wurde, durften die einen am Morgen, die anderen ab Nachmittag baden oder es gab nach Geschlechtern getrennte Baderäume. Kein Wunder aber, dass das Badeleben auch damals

schon seine »Schatten« warf. Der römische Dichter Properz jedenfalls bat seine Geliebte, einen dieser sittenlosen Badeorte zu verlassen, denn: »Verflucht seien die Quellen, da sie die wahre Liebe zerstören!« Und ein anderer Dichter, Martial, lästerte: »Die keusche Laevina packt die Glut, und sie, die als verheiratete Penelope kam, geht fort als Helena.«

Geschadet hat das Badenweiler offenbar auch in Jahrtausenden nicht. Heute wimmelt es hier neben Deutschen von Schweizern und Franzosen. Daher bei aller Liebe zu römischen Ruinen – sich danach im Städtchen zu ergehen, um durch die Hotels, den Kurpark und die vielen Cafés zu schlendern und irgendwo hinzusitzen, das ist ein Vergnügen, das die Erinnerungen an die Römer auf andere Weise fortsetzt. Danach ist immer noch Zeit, die kaum zehn Kilometer rheinabwärts nach Heitersheim zu fahren und sich das Landhaus eines reichen Mannes anzusehen, der mit Sicherheit hier gebadet hat.

Die Badenweiler Therme befindet sich im Kurpark bei der modernen Cassiopeia-Therme unterhalb der roten Sandsteinkirche an der Hauptstraße. Öffnungszeiten: April bis Oktober: 10 bis 18 Uhr, November bis März: 10 bis 16 Uhr. Im Sommer gibt es Führungen: So 11 Uhr sowie Di und Do 16 Uhr. Führungen außerhalb dieser Termine nach Vereinbarung im Touristbüro oder per Telefon (0 76 32) 79 93 00. Eintritt per Automat und Drehkreuz: Erwachsene 2 Euro, Ermäßigungen.

Heitersheim
und die Schwarzwaldvilla

Auch wenn sich das Städtchen Heitersheim im Landkreis Breisgau-Hochschwarzwald als »Malteserstadt« fühlt, weil hier dreihundert Jahre lang der Großprior des Ordens mit der Würde und dem Titel eines Fürsten residierte – im Jahr 1807 verließ Ignaz Balthasar Rink von Baldenstein als letzter Großprior diese Welt, um in die ewige Seligkeit einzugehen –, wir pilgern nach Heitersheim, weil sich hier ein römischer Bürger namens Lucius Julius Fontus schon 1800 Jahre zuvor eine Prachtsvilla mit Panoramablick zwischen Schwarzwald und Vogesen gebaut hat.

Dieser Dominus Fontus war ein reicher und ein mutiger Mann. Auf annähernd sechs Hektar Fläche hat er sich um das Jahr 30 nach Christus, also gerade eben zwanzig Jahre nach der Katastrophe der Varus-Schlacht, ein riesiges und teures Landgut in einem Gebiet gebaut, das damals noch gar nicht römisch war. Cäsars Gallien lag auf dem linken Rheinufer, die Villa des Lucius Julius Fontus auf dem rechten, also im Niemandsland der Barbaren.

Was zuerst noch als Holzbau begonnen worden war, wurde bald ein solider Steinbau mit Fußbodenheizung, Mosaikfußböden und Marmortäfelung, mit allerlei mediterranem Luxus wie grünem Porphyr aus Griechenland, die Wände bemalt mit lebensgroßen Figuren, Pflanzen und Tieren, gerahmt mit griechischem Ci-

pollino-Marmor. Da gab es im Innenhof des 1500 Quadratmeter großen Wohnhauses ein 18 mal vier Meter großes Zierbecken, auf drei Seiten gesäumt von einem säulengetragenen Peristyl, in der Mitte ein wasserspeiender Delfin, auf dem ein geflügelter Amor ritt.

Das war keines der üblichen römischen Bauerngüter, das war also keine villa rustica, sondern, eine ganze Stufe höher, eine villa urbana nach südländischem Zuschnitt, mit Herrenhaus und abgegrenztem Rittergutsbezirk. Von alledem sind heute nur noch kümmerliche Reste erhalten und von der Besichtigung einer ganzen Römervilla zu reden, ist reichlich übertrieben. Auch diese einzigartige Sommerresidenz eines römischen Amtsadligen und Großgrundbesitzers verfiel nach dem Einfall der Alamannen. Jahrhundertelang wurde der riesige Landsitz als Steinbruch benutzt, zum Teil sogar vom Malteserschloss überbaut und zuletzt in Grund und Boden gepflügt.

Erst als man die Gegend, die vom Volksmund immer schon »Scherbenäcker« genannt worden war, 1956 »wieder entdeckte« und 1989 genauer untersuchte, konnte man auf Infrarot-Luftbildern die genaue Lage und Größe feststellen. 1991 begannen die Ausgrabungen, die mehr als 2,5 Millionen D-Mark (also über 1,25 Millionen Euro) kosteten. Dafür bietet seit Juni 2001 das zum Museum umgestaltete Areal auch einiges, unter anderem als Unikat und Unikum einen 54 Quadratmeter großen Keller, in dem einst riesige Mengen an Wein und Vorräten

Heitersheim: das Zierbecken und der wasserspeiende Delfin

gelagert werden konnten. Ein paar tönerne Henkelkrüge erinnern an jene seligen Zeiten.

Was aber das Flair dieser Anlage ausmacht, ist der Innenhof mit dem wiederhergestellten Plätscherbrunnen und dem Zierbecken vor der Kulisse des Hochschwarzwaldes. Da ist tatsächlich der geflügelte Amor und der wasserspeiende Delfin, da stehen tatsächlich zwei Säulen – was macht es denn, dass von den Säulen nur Bruchteile echt sind und dass Amor und Delfin kaum ein paar Jahre alt und einer silbernen römischen Gewandspange nachempfunden sind.

Was man hier sieht, ist nach bestem Wissen und Gewissen nachgebildet, was ich hier sehe, macht mir eine vergangene Welt lebendiger als bloße

Trümmer. Das macht ja auch den Zulauf der villa rustica in Hechingen-Stein aus, dass dort auch das Auge miterlebt, nicht nur die Phantasie. Wenn es überall nach strengem archäologischem und historischem Purismus gegangen wäre, dann hätten wir ja nach dem Zweiten Weltkrieg kein Schloss, kein Theater und kein Stadtbild wiederherstellen dürfen. Dann bestünde unsere überlieferte Kultur fast nur aus Ruinen wie die meisten römischen Reste hier vor uns.

So könnte die Heitersheimer Villa vor fast 2000 Jahren ausgesehen haben.

Dafür sind wieder andere Dinge gespenstisch real. An einer Wand ist als so genanntes »Lackprofil« ein Stück Ausgrabung im Original ausgestellt, auf dem man nach zweitausend Jahren sehen kann, was hier einmal war. Zu diesem Zweck wird ein senkrechter Grabungsschnitt mit einer Silikonlösung, dem »Lack«, durchtränkt und

danach eine Plastikplane dagegen gepresst. Wenn das Ganze trocken ist, wird die Plastikplane abgezogen und mit ihr die Erdschicht, die an ihr kleben geblieben ist. Das Ganze kann man nun wie ein Bild an die Wand hängen. Und schon sieht man, wo ein Brennofen war, wo alte Mauern laufen und das Loch, in dem in einer noch älteren Periode ein Holzpfosten stand, denn, so die Faustregel eines ordentlichen Archäologen, nichts ist haltbarer als ein richtiges Loch.

Zum Schluss noch ein kleiner Bummel durch den Park zwischen Malteserschloss und Römervilla, vorbei an Nonnen in weißen Gewändern unter Birken mit ebenso schlohweißer Rinde. Dahinter der lichte Glasbau der Römervilla mit Springbrunnen und hehrer Schwarzwaldkulisse – Römer und Mönche wussten schon, weshalb sie hier bauten.

Wir aber fahren weiter nach Norden und zielen nach Ladenburg. Nach Bad und Villa nun die Stadt. Weil wir auf dem Weg per Autobahn A 5 bei Lahr vorbeikommen, noch ein Abstecher, der uns den Römern buchstäblich auf die Spur bringt.

Römermuseum Heitersheim: Die Römervilla ist gut ausgeschildert. Öffnungszeiten von April bis Oktober: Di bis Sa 13 bis 17 Uhr, So und an Feiertagen 11 bis 17 Uhr. Eintritt frei. Anmeldung zu Führungen und Informationen: Herr Jörg Scheuerbrandt, Telefon (0 76 34) 59 53 47, während der Öffnungszeiten, oder Frau Marion Borcherding, Telefon (0 76 34) 402-12 bei der »touristinfo«.

Friesenheim
und die Römerstraße

Im Vergleich zum riesigen Straßennetz des Römischen Reiches mit seinen Abertausenden Kilometern sind erstaunlich wenige dieser Straßen auf uns gekommen. Das mag daran liegen, dass die ursprünglich für den militärischen Verkehr geplanten Straßen nach und nach auch zu wichtigen Handelsstraßen wurden, die im Lauf der Jahre und Jahrhunderte so oft erneuert, verbreitert und verändert wurden, bis von dem ursprünglichen Straßenpflaster nichts mehr übrig war.

Dabei waren diese Römerstraßen, sozusagen die Autobahnen von damals, in der Regel vier bis fünf Meter breit, hatten einen festen, leicht gewölbten Steinbelag auf Schotteruntergrund, der links und rechts von Gräben gesäumt war, um Überschwemmungen zu vermeiden. Sie waren also alles andere als unbefestigte, schmale Feldwege. Immerhin: Bei Benningen im Kreis Ludwigsburg hat man beim Rathaus so ein Stück Straße gefunden und dankenswerterweise konserviert. Und hier im Rheintal, auf unserem Weg von Badenweiler über Heitersheim nach Ladenburg gibt es kurz hinter Lahr bei Friesenheim ein anderes Stück römischer Straße zu besichtigen. Es wurde erst 1970 entdeckt, kurioserweise von einem fahrenden Zug aus, und bis 1977 freigelegt.

Unser Straßenstück ist mit seinen Resten von Buntsandsteinpflaster wirklich kein sehr eindrückliches Überbleibsel der Straße Mainz – Basel. Sonst würde man sicherlich noch die Rillen sehen, die die Räder im Lauf der Jahre eingefahren haben. Sonst könnte man tatsächlich Spuren kreuzen und genau da stehen, wo Kaiser Caracalla einst mit seinem Wagen vorbeibrauste, als er auf dem Weg nach Baden-Baden war.

Unmittelbar neben der alten Straße finden sich noch Reste einer antiken Straßenstation. Ein quadratisches Wohnhaus, einige weitere Gebäude, ein Brunnen, eine Feuerstelle und ein Tempelchen, in dem man Teile einer Dianaskulptur fand: also eine Art antiker Autobahnraststätte mit Autobahnkirche. Das klingt überzeugender, als es aussieht, denn wer hier nicht ein

Die römische Straße läuft quer durchs Bild. Links unten das Tempelchen, oben die »Raststation«

Römischer »Lastwagen« mit Ochsengespann

bisschen enttäuscht ist, lügt sich und anderen was vor. Sagen wir so: Hier guckt man vorbei, wenn man gerade in der Gegend ist, deswegen fährt man nicht extra her, auch wenn das Tempelchen neuerdings ganz korrekt mit römischen Flachziegeln gedeckt ist und recht authentisch aussieht. Aber wenn wir schon hier sind, lohnen sich ein paar Gedanken über diese alten Straßen und das damalige Reisen.

Also: Derartige Raststationen gab es in regelmäßigen Abständen, der Kenner unterscheidet sogar zwei Arten. Die mansiones waren Übernachtungsstationen mit Kneipen, Polizeiposten und Ställen, waren also so etwas wie ein Rasthof oder »Motel«. Sie lagen infolgedessen auch in Tagesabständen voneinander, das heißt, in Abständen von 25 Meilen, was einer Tagesmarschleistung der Soldaten entsprach.

Umgerechnet marschierten die römischen Soldaten am Tag also knapp 40 Kilometer, was bei fünf Kilometern pro Stunde auf eine Marschleistung von siebeneinhalb Stunden herauskommt. (Zur Erinnerung: Eine Römische Meile besteht aus tausend Doppelschritten und entspricht 1478 Metern.

Die anderen Stationen hießen mutationes und dienten den Eilkurieren zum Pferdewechsel. Sie entsprachen damit etwa unseren Tankstellen. Von ihnen gab es meist zwei bis drei zwischen den mansiones, sodass ein Kurier pro Tag viele Male die Pferde wechseln konnte und auf diese Weise gegenüber den Fußsoldaten die vierfache Strecke schaffen konnte, also rund 150 Kilometer.

In noch kürzeren Abständen, nämlich jeweils genau einer Meile, standen bis zu drei Meter hohe Steinsäulen am Wegesrand, eben die so genannten Meilensteine, die die jeweilige Entfernung zum nächsten Ort angaben. Die Archäologen freut dabei freilich viel eher eine andere Angabe, denn auf den Säulen war jeweils auch eingemeißelt, unter welchem Kaiser die Straße gebaut oder ausgebessert worden war. Auf diese Weise wissen wir immer auch das Alter der Straße. So wird auf dem Meilenstein im Kastell von Köngen, der korrekt die Entfernung nach Rottenburg mit 29 Meilen angibt, Kaiser Trajan erwähnt. Also gab es diese Straße mit Sicherheit während der Regierungszeit Trajans (98–117).

Weniger Glück haben wir mit den Fuhrwerken jener Zeit: Ein Wagen aus jenen Zeiten hat sich im Original noch nicht mal in Teilen erhalten. Den Nachbau einer Kutsche kann man beispielsweise in Hechingen-Stein besichtigen. Wie ein römischer »Lastwagen« aussah, ist auf der Trajanssäule und auf einem Weihestein für Epona in Beihingen am Neckar abgebildet. Was man jedoch auf diesen Abbildungen nicht erkennen kann, ist, ob diese Wagen zwei starre Achsen oder bereits eine schwenkbare Vorderachse besaßen, die das Kurvenfahren deutlich erleichtert hätte. Allerdings scheinen sie einen kurzen Achsstand gehabt zu haben, der das Manko der Starrachsen einigermaßen ausgleichen konnte.

Was wir mit Sicherheit wissen, ist, dass die Reisegeschwindigkeit für »Lastwagen« denkbar gering war, denn das Pferd, die Hauptstütze jeglichen Landtransportes, spielte damals noch keine Rolle. Das änderte sich erst im 9. nachchristlichen Jahrhundert, als das Kummet erfunden wurde, bei dem das Pferd die Last mit den Schultern zog. Vorher wurde den Pferden das Zugseil einfach um den Hals gelegt, sodass sie sich bei schweren Lasten eher erwürgten als vorwärts kamen. Die Lastwagen wurden daher von Ochsen gezogen, die den Zuggurt über den Buckel gelegt bekamen. Das erwürgte sie zwar nicht, aber dafür kam man auch höchstens im Schritttempo vorwärts. Bei schweren Lasten schafften sie gar nur anderthalb Kilometer pro Stunde und kaum acht bis zehn Kilometer pro Tag. Es muss zum Wahnsinnigwerden gewesen sein.

Das einfachste und schnellste Transportmittel war das Maultier mit seinen Tragkörben, erst in zweiter Linie der Esel. Es lief zwar nur fünf Kilometer pro Stunde, die jedoch stetig und ausdauernd: Bis zu 80 Kilometer waren am Tag möglich. Es brauchte zudem weniger Schlaf als ein Pferd (nur vier bis fünf Stunden am Tag), konnte länger ohne Wasser auskommen, hatte härtere Hufe und buchstäblich ein dickeres Fell als das Pferd, was das Tier leichter vor Verletzungen schützte.

Suchanleitung: Autobahnausfahrt Lahr, dann nach Friesenheim. Am Ortsende von Friesenheim links in Richtung Schuttern abbiegen. Nach Überquerung der Eisenbahnbrücke links in einen asphaltierten Feldweg einbiegen und dem Schild zur Römersiedlung folgen. Auf diesem Feldweg etwa 1,5 Kilometer fahren und dabei zwischendrin noch mal bei einem Hinweisschild links abbiegen. Die Römerstraße liegt dann unmittelbar neben dem Bahndamm und ist als grünes, baumbewachsenes Karree kenntlich.

Ein Blick über die sanierte Badruine in Baden-Baden

Baden-Baden und die Badruine

Dass kein Römer ungebadet an einer Thermalquelle vorbei kann, versteht sich von selbst. Seit die Römer neben Badenweiler auch an der Oos heiße Quellen entdeckt und um das Jahr 70 zu einem Bad ausgebaut hatten, badeten hier in Aquae denn auch nicht nur die Soldaten, sondern sogar drei römische Kaiser: Trajan, Hadrian und Caracalla.

Normalerweise für uns Spurensucher Grund genug noch einen Abstecher zu machen – aber gemach. Der Altertumsverein für das Großherzogtum Baden hatte schon im 19. Jahrhundert die alten, auf zwei Terrassen liegenden Badeanlagen ausgegraben und alle Fundstücke bis 1858 in der Großherzoglichen Alter-

tümersammlung (heute: Badisches Landesmuseum) in Karlsruhe abgeliefert, die höher gelegene Anlage am Marktplatz jedoch danach wieder sorgfältig zugeschüttet. (Heute sind die Umrisse mit schwarzem Kopfsteinpflaster markiert.) Das tiefer gelegene Bad wurde zwar nicht zugeschüttet, liegt aber unterirdisch neben und unter dem Friedrichsbad, was dem Besucher nach 1995 aber auch nichts nützte: Das Römerbad mit seinen beiden Apsiden-Räumen und der großen Querhalle war geschlossen.

Im Frühjahr 2003 bestellte man endlich die Winnender Reinigungsfirma Kärcher, die nach dem Brandenburger Tor, der Christusstatue in Rio de Janeiro und den Kolonnaden des Petersplatzes in Rom nun auch das alte Römerbad reinigen durfte. Mit dem Ergebnis, dass man zehn Tonnen

Heute rötlich ausgeleuchtet: der Warmbaderaum

Schutt abfuhr und Baden-Baden 1,5 Millionen Euro für die Sanierung zahlte.

Und wie schön das geworden ist: Damit Laien wie unsereiner auch sofort mühelos begreifen, was bei den kärglichen Resten was ist, ist der Kaltbaderaum mit frösteligem Blaulicht ausgestrahlt, der Warmbaderaum mit wohligem Rotlicht, was will man mehr. Aber was kommt schon gegen Badenweiler an ...

Bleibt als einzige Schwierigkeit die Verständigung. Ruft man in Baden-Baden an und bittet um Auskunft, wann denn die römischen Thermen nun zu besichtigen seien, bekommt man einen Prospekt des modernen Friedrichsbades mit seinem »Römisch-Irischen Bad«. Fragt man daraufhin als gebildeter Mensch nach den alten Caracalla-Thermen, kommt der Prospekt mit dem neuen Caracalla-Bad und seinem 69° C heißen Wasser.

Sieht man endlich im Internet unter den verschiedensten Suchwörtern nach, kommt gar nichts, was auch nur älter als hundert Jahre wäre. Bis man durch reinen Zufall »Soldatenbad« antippt – und bei der guten, alten, echten, authentischen, frisch gereinigten und bunt angestrahlten Caracalla-Therme landet. So einfach ist das also. Nur dass da nicht steht, wann sie auf hat. Das findet man unter »Römische Badruinen«, dem anderen Stichwort.

Die »Römischen Badruinen« unter dem Friedrichsbad haben täglich von 11 bis 17 Uhr geöffnet, außer am Karfreitag und am 24./25. Dezember. Eintritt: Erwachsene 2 Euro, Kinder 1 Euro.

Ladenburg und das antike Schwabenzentrum

Und nun endlich auf zu dem Ort, wo mehr als ein Bad an die Römer erinnert, wo aus einem Kastell und einem Lagerdorf buchstäblich eine Stadt herauswuchs, in der nachweislich schon zu Römerzeiten Germanen das Sagen hatten und nicht die Kelten. Auf nach Ladenburg, das sich heute noch auf den Verkehrsschildern »Römerstadt« nennt.

Dass da noch keiner ein Denkmal errichtet hat! Dabei ist das gute alte Lopodunum, also das ehemals römische Ladenburg bei Heidelberg, nun nachweislich der Ort, wo zum ersten Mal in der Geschichte die tapferen elbgermanischen Schwaben als Ansiedler und Bewohner der Neckarregion genannt werden. Und damit nicht genug: Hier in Lopodunum haben sie nicht einfach nur stillschweigend und bescheiden als Reingeschmeckte gewohnt. Nein, sie haben um das Jahr 100 nach Christus, auch das zum ersten Mal in der Geschichte, sofort einen Schwabenverein, die »Trajanische Bürgerschaft der Neckarschwaben«, gegründet, die civitas Ulpia Sueborum Nicretum (nach neuesten Erkenntnissen: Nicrensium). Ulpia ist dabei ein Name Kaiser Trajans und Nicer die Bezeichnung für Nekkar.

Hier an dieser Stelle, kurz bevor der Neckar in den Rhein mündet, hatten die Römer im Niemandsland östlich des Rheins um das Jahr 73 erst ein Erd- und nach 90 ein steinernes Kastell errichtet, von dem heute noch vereinzelte Mauerstücke zu sehen sind. Aus dem dazugehörigen Lagerdorf entlang der Heerstraße Heidelberg–Worms wurde dann schnell ein größerer Ort, der sich im 2. Jahrhundert zu einer stadtähnlichen Siedlung entwickelte, auf der das heutige Ladenburg steht. Wenn man so will: Das alte Lopodunum ist der Humus, aus dem die heutige Stadt gewachsen ist.

Es haben sich nur noch wenige Spuren erhalten. Man kann nur eins haben: entweder die jetzige Stadt bis zur Humusschicht abreißen oder sich mit dem zufrieden geben, was bei Bauarbeiten ab und zu zu Tage

Das Original
der Mithrasplastik ...

kommt. Das aber ist imponierend genug. Grabungen haben erwiesen, dass das römische Lopodunum mit seinen rund 40 Hektar Bodenfläche von einer mehr als zweieinhalb Kilometer langen Mauer umgeben war.

Das Erstaunlichste aber ist ein Gebäude, dessen Name erst einmal unweigerlich falsche Assoziationen auslöst. Es ist die »Basilika«, die im Jahr 1911 vom Mannheimer Altertumsverein ausgegraben worden ist. Diese Basilika hat nie und niemals etwas mit Christentum und Kirche zu tun gehabt. Basilika, abgeleitet vom griechischen Wort »basileus« für »König«, bezeichnet architekturgeschichtlich ganz profan eine besondere Form einer Halle, nämlich die Königshalle. Sie war ursprünglich das Amtsgebäude auf der Agora in Athen, in dem vom Archon Basileus die Opfer und die religiösen Feste geleitet wurden. Das Gebäude bestand, wie später die christliche Basilika, aus Mittelschiff, Seitenschiffen und dem, was man kirchlich später den Chor nannte.

Um das Jahr 100, just also zu der Zeit, als Lopodunum/Ladenburg entstand, kam dieser Bautyp in Italien als Markt-, Börsen- und Gerichtshalle auf, auch wenn da die Apsis (der Chor) gegenüber dem Eingang an der Längsseite angebracht wurde und nicht, wie wir es von Kirchen her kennen, an der Schmalseite des Schiffes. Offensichtlich galt Lopodunum damals gerade

als aufstrebende Siedlung, denn die riesige Basilika, die die Römer an der Agora in Lopodunum bauten, zählt zu den größten und monumentalsten römischen Bauwerken nördlich der Alpen.

Oberirdisch ist von dieser Basilika heute allerdings nichts mehr zu sehen, aber wie groß sie war, kann man

... und die nach Farbresten rekonstruierte Kopie

heute noch mit eigenen Augen wahrnehmen, wenn man vor der Gallus-Kirche steht. Ihr Chor steht exakt auf den Grundmauern der antiken Apsis und das Kirchenschiff ist genauso lang wie die Schmalseite der basilikalen Markthalle. Auf dem modernen Straßenpflaster sind die Ausmaße markiert. Von ähnlich monumentalen Ausmaßen muss auch das Theater gewesen sein, das man 1967 entdeckte, danach aber wieder überbauen musste. Das neue Denkmalschutzgesetz für Baden-Württemberg war damals noch nicht in Kraft – so einfach sind manchmal die Begründungen für angebliche Kulturbarbareien.

Das ist, bis auf ein paar zwar imponierend dicke, aber unerklärte römische Mauerreste, alles, was man in der sonst recht reizvollen Römerstadt zu sehen bekommt. Es sei denn, man nimmt an einer der wenigen Führungen teil, die einmal im Monat stattfinden.

Was dagegen einen Besuch lohnt, ist das Lobdengau Museum, in dem

Die Gigantensäule vor dem Ladenburger Museum

die Römerfunde aus Stadt und Umgebung gesammelt sind. Hier gibt es Dinge des täglichen Lebens, Werkzeuge, Weihesteine, Plastiken, Altäre, eine gut erhaltene Jupitergigantensäule

und vor allem eins: das Kultbild aus dem Ladenburger Mithräum, auf dem Mithras, der Lichtgott, und Sol, der römische Sonnengott, einträchtig nach römischer Sitte auf einer Bank liegen, die durch das übergelegte Stierfell als Stier des Mithras erkennbar ist. Diese Plastik gibt's gleich zweimal zu sehen: einmal das in Stein gemeißelte Original, so wie man es fand, und einmal die rekonstruierte Fassung, die, wie einst auch die griechischen Plastiken, erschreckend bunt bemalt ist. Per Knopfdruck erklärt einem eine Stimme Sinn, Geschichte und Details.

Das Städtchen lockt dann mit Straßencafés und Lokalen zum Ausruhen und Erholen von so viel Römischem. Ich aber kann nur immer wieder ermuntern und Sie gleich weiter von einem Kastell zum anderen, von einem Gutshof zum nächsten und von einem Bad zum folgenden führen. So liegt es nahe, nun gleich auch noch die sechs Kilometer entfernt liegende villa rustica im Gewann »Maueräcker« in Hirschberg an der Bergstraße-Großsachsen kennen zu lernen. Danach wechseln wir die Szenerie und folgen den Römern vom Rheintal ins Donaugebiet.

Das Lobdengau Museum (im Bischofshof) hat samstags und sonntags von 11 bis 17 Uhr geöffnet. Öffentliche Führungen gibt's einmal monatlich sonntags. Informationen, auch zu Sonderführungen: Stadtinformation (am Wasserturm), Telefon (0 62 03) 92 28 03, Öffnungszeiten: Di bis Fr 10 bis 12 und 14 bis 15 Uhr, Sa und So 11 bis 15 Uhr.

Das Luftbild erleichtert den Überblick: rechts der Eingang,
links der Tempel, dazwischen das Wohnhaus.

Großsachsen und der Römerhof

Im Gegensatz zu Ladenburg werden hier in Hirschberg an der Bergstraße-Großsachsen, oh Wunder, frei zugängliche Ausgrabungen geboten und gar noch erklärt. Was man uns bietet, ist eine villa rustica, also ein römisches Landgut, comme il faut, und das in drei Bauphasen. Aus einem einfachen Steinbau, der als Nachfolger eines Holzbaues irgendwann zwischen 125 und 150 nach Christus entstanden ist, wurde nach 170 durch An- und Umbauten eine so genannte Portikusvilla mit Ecktürmchen und breiter Eingangsfront dazwischen und Wasserbecken davor. Ein Bad nach Süden zu und ein Tempelchen nach Westen ergänzten das Arrangement.

Es muss ihnen gut gegangen sein, denn kaum 50 Jahre später wurde noch einmal erweitert und verschönert. Am Ende sind es bei 465 Quadratmeter Grundfläche zwei Etagen mit etwa 20 Räumen. Damit nicht genug: Zwischen Haus und Tempelchen wurde ein Säulengang gebaut, das schätzungsweise sieben bis acht Meter hohe Badegebäude durch weitere Räume ergänzt. Einige Jahrzehnte später ist das Anwesen abgebrannt – die Römer verließen es, die Alamannen kamen.

Von alledem war bis 1984 nichts zu sehen, als die dreijährigen Ausgrabun-

Zu ebener Erde ist es mit dem Überblick schon schwieriger ...

eine Treppe führt in den Keller, der später, wie die Wohnräume, etwas höher gelegt wurde: offenbar ist der Boden feucht; da führt ein Gang zum Tempel, in den halbrunden Nischen stelle ich mir Götterbilder vor.

Das muss wirklich schon ein reicher Römer gewesen sein, die Höfe drüben im Schwäbischen sind im Durchschnitt bescheidener. Wie viele Menschen haben hier gewohnt, wo waren Stallungen, Vieh und Scheunen, wo Knechte und Mägde? Wir wissen es nicht. In diesem Jahr hat die Szene sogar etwas Irreales an sich: Statt zwischen Kornfeldern oder Weiden liegt die villa rustica in einer weiten Tabakplantage. Wohin ich sehe mannshohe Tabakstauden mit ihren großen Blättern. Man kommt sich vor wie in Rumänien oder sonst wo im Orient. Dabei ist Heidelberg gleich um die Ecke und ich stehe im Rheintal vor einer römischen Landvilla ...

gen begannen. Wie üblich waren die Steine in späteren Jahrhunderten für andere Bauten verwendet worden.

Heute wird das alles angesichts der Mauerreste auf Tafeln erklärt und beschrieben, und nachdem wir in der Prachtvilla von Heitersheim genau genommen eigentlich nur Keller und Wasserbecken zu sehen bekommen haben, sollte man sich hier das Vergnügen machen, von Raum zu Raum zu gehen und sich das alte Bauernhaus vor der malerischen Kulisse der Bergstraße mit Schritten, Augen und Phantasie erobern. Da ist vor dem Bassin der Portikus, die Eingangsveranda, flankiert von den Seitentürmen; da kommt in der Mitte der große überdachte Hof mit den Feuerstellen, von dem nach allen Seiten Zimmer abgehen, eins sogar mit Fußbodenheizung;

Die villa rustica ist auf der Bundesstraße 3 in Hirschberg an der Bergstraße-Großsachsen nicht ausgeschildert. Suchanleitung: Aus Richtung Heidelberg kommend nach Tankstelle und Hotel Krone an der Ampel nach links abbiegen Richtung »Marktplatz« und danach geradeaus weiter. Am Ortsrand, wo der asphaltierte Feldweg beginnt, ist ein Schild »Fußweg zur Villa rustica« aufgestellt. Auf diesem Feldweg Richtung Autobahn biegt nach 700 (!) Metern ein Feldweg nach rechts ab (mit Schild), an dessen Ende die Villa liegt. Achtung: Autospuren sind erkennbar!

Zwischen Schwarzwald, Donau und Neckar

Hüfingen und die Badescheune

Als die Römer sich aufmachten, vom Rheintal aus das Gebiet jenseits des Schwarzwaldes zu besetzen, ging es ihnen zunächst um die Sicherung der Verkehrsverbindungen. Das war im Südosten die große römische Straße von Vindonissa über Tenedo und Arae bis hinauf nach Sumelocenna und bis nach Grinario, oder für uns Banausen übersetzt: von Windisch in der Schweiz über Zurzach am Rhein nach Rottweil, hinauf nach Rottenburg und Köngen am Neckar.

Also müssen wir jetzt einen verstohlenen Blick ins Schweizerische wagen, um die römischen Erinnerungen an dieser Straße kennen zu lernen.

Da wäre als Erstes also das Städtchen Windisch im Kanton Aargau mit dem Legionslager von Vindonissa, seinen konservierten Toranlagen, der Lagermauer und dem Bad nebst einer Wasserleitung, die seit jenen Tagen Wasser führt. Die Funde aus dem Legionslager sind seit 1912 im Nachbarort Brugg im Vindonissa-Museum ausgestellt, und wie es so geht: Was Archäologen als kostbare Funde aufheben, würden wir heute Müll nennen. Es sind tatsächlich weggeworfene Dinge aus Holz, Leder oder Metall, die uns heute eine Vorstellung davon vermitteln, was damals zum römischen Alltag gehörte.

Die nächste Etappe der alten Römerstraße führt nach Zurzach am Rhein, wo uns eine besonders wuchtige und breite Kastellmauer beeindruckt, und von da nach Schleitheim nordwestlich von Schaffhausen. Dort ist es die große Therme mit ihren riesigen »Nadelkissen« aus Hypokaustum-Stempeln, die wir andächtig bestaunen – Bäder, Bäder, Bäder, wohin man sieht.

Eine ähnlich mächtige Kastellmauer wie hier in Zurzach finden wir auch in Osterburken.

Das »Nadelkissen« von Schleitheim

Und so geht es weiter, auch wenn wir nun wieder im vertrauten deutschen Südwesten sind. Einer dieser militärischen Vorposten an der römischen Fernstraße war das Kastell Brigobanne nahe der Donau, für uns Nachgeborenen das mittelalterliche Hiuvinga oder auch Hüfingen an der Breg (!), drei Kilometer südlich von Donaueschingen.

Brigobanne/Hüfingen entstand, wie wir nach den antiken Herstellerzeichen auf Ziegeln wissen, in der Zeit des Kaisers Claudius (reg. 41–54) und es war nach Auskunft der Historiker noch ein recht primitives Lager, das nur durch Erdwälle geschützt war. Unter Vespasian (reg. 69–79) machte man daraus dann zwei ordentliche Lager und baute das Kastellbad, ohne das, wie wir ja wissen, kein Römer auf die Dauer auskommen konnte.

Aber auch damals erwiesen sich Ausbauten und Verschönerungen gelegentlich schon als Fehlinvestitionen:

Kaum war der Militärstützpunkt Brigobanne erweitert, verlor er seine Bedeutung. Um das Jahr 75 wurde nämlich die Straßenverbindung von Straßburg durchs Kinzigtal nach Rottweil eröffnet und die Besatzung von Brigobanne verließ das Donaugebiet und rückte weiter nach Norden vor. Übrig blieb die Lagerstadt mit ihren Buden und übrig blieb das Bad. Aus der Lagerstadt entwickelte sich ein blühendes Städtchen, aus dem Militärbad eine zivile Badeanstalt.

Und heute? Das Doppelkastell ist längst überbaut und existiert nur noch auf den Zeichnungen der Archäologen. Was wir heute noch sehen können, ist ein gemütliches Städtchen und das alte Römerbad, das kurioserweise unter doppeltem Denkmalschutz steht. Das verdanken wir dem Fürsten Karl Egon II. von Fürstenberg. Dieser edle Herr hatte im Jahr 1820 die Trümmer des Bades freilegen und si-

Kaum zu glauben:
Der Hüfinger »Schuppen« steht unter Denkmalschutz.

chern lassen, aber nicht nur das. Er hatte sogar einen Schutzbau darüber errichtet, eine Art Scheunenbau, und sich über dem Eingang lateinisch verewigt, damit jedermann gleich Bescheid wusste: »Romanorum quae hic spectas monumenta eruit posterisque servavit Carolus Egon princeps de Fuerstenberg MDCCCXI« – zu Deutsch: Das Bauwerk der Römer, das du hier siehst, hat Karl Egon, Fürst zu Fürstenberg, erforscht und für die Nachwelt gerettet. 1821.

Inzwischen steht diese fürstliche, innen zuletzt 1991 bis 1995 renovierte Scheune am Fuß des Galgenberges selber unter Denkmalschutz und schützt ihrerseits das Römerbad. Und da prangt sie nun in einer Talsenke, diese Römerscheune, umgeben von Feldern, Wiesen und Wäldern, eine rustikale Idylle, wenn sie mit ihrem riesigen grauen Dach nicht so hässlich wäre, aber eben das dient ja einem guten Zweck. Man betritt die Scheune nämlich über eine Treppe im ersten Stock und das aus gutem Grund: Um die Ausgrabungen unberührt zu lassen, hat man Kasse, Verkaufsstand und die Laufstege für die Besucher in die Luft gebaut, sodass man engelsgleich zwischen Dach und Steinen quer über dem Römerbad entlangschwebt und von oben in die einzelnen Räume hineinsehen kann.

Kenner wie wir, die wir die Badenweiler Thermenanlage längst verinnerlicht haben, sehen sofort, dass wir hier ein ganz anderes Bad vor uns haben. In Badenweiler war allein schon der Grundriss wegen seiner spiegelbildlichen Symmetrie ein Genuss. Das Hüfinger Römerbad dagegen ist eher ein verbeultes Rechteck, das überall überraschende Auswüchse hat. Das mag daran liegen, dass das Bad eines der ältesten Kastellbäder nördlich der Alpen ist. Es stellt ein frühes Entwicklungsstadium der römischen Bäder dar, wie man schon an der Anordnung der Räume ablesen kann. Außerdem ist es nicht aus einem Guss gebaut: Am Mauerbau ist erkennbar, dass die obere Hälfte (F bis K), die keinen Anschluss an die Heizung hatte, offenbar später angefügt wurde.

Im Einzelnen:

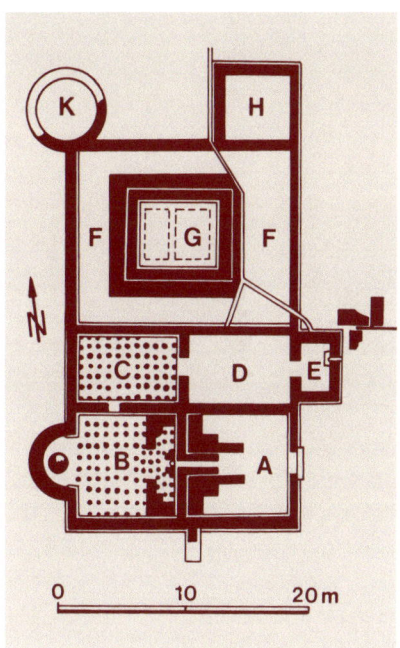

Hüfingen, Kastellbad.
A Heizraum, B Warmbad, C Laubad, D Auskleideraum?, E Kaltwasserbecken?, später angebaut F mit Becken, G Kaltbad, H Auskleideraum und K Schwitzraum

Mag sein, dass die Herren Archäologen manches nicht ganz richtig gesehen haben. Denn allein schon die Frage, wie man in den Auskleideraum D gelangen soll, ohne sich vorher nass zu machen, kann einen ins Grübeln bringen.

Und wie man ohne jede Verbindung zum Heizraum in der entferntesten Ecke bei K einen Schwitzraum entdeckt, ist ein anderes Wunder. (Die einzigen beiden unterboden-beheizten Räume B und C sind an den Säulenstempeln – dunkle Punkte – erkennbar, die den Fußboden tragen.)

Und was sollte man sonst noch beachten? Draußen vielleicht, links vom Eingang, das Holzkreuz am Waldrand. Sühne für die, die hier einst am Galgen hingen, Heiligung des heidnischen Teufelsbades, wie in Rom das Kreuz im Kolosseum? Ein Kreuz ist immer gut.

Und sonst? Was bietet die Gegend sonst noch?

Für »Reingeschmeckte« dürfte es leichter sein, den lateinischen Text des Fürsten Karl Egon zu verstehen als das, was hier, wenige Meter vor der Schweizer Grenze, als deutsch gilt. Aber probieren wirs: »Hüfinge, e nett Städtli, liit uf de Boor, des ischt d'Hochebeni zwischen Schwarzwald und de Schwäbische Alb. Mit sine iigmondete Örtli drumrume hät Hüfinge derzut ugfähr 7700 Iiwohner. Gearn bsuecht werred hie und i de Ortseil di frindleche und guete Wertshiiser. Ums Städtli ume sind netti Wander- und Radweag, am Riedsee ka mer bade und surfe, uffem Fürsteberg

Gleitschermfliege. Korzom, es loot sech z Hüfing guet wohne und lebe, aber au Ferie mache.«

Alles klar.

Windisch: Areal Königsfelden, Parkplatz an der Fachhochschule, CH-5210 Windisch, Tel.* (00 41 56) 4 41 21 84. Öffnungszeiten: Wasserleitung täglich 6 bis 20 Uhr.

Brugg: Vindonissa-Museum, Museumstraße 1, CH-5200 Brugg, Telefon (00 41 56) 4 41 21 84. Öffnungszeiten: Di bis So 10 bis 12 und 14 bis 17 Uhr.

Zurzach: Bezirksmuseum »Höfli«, Quellenstraße 1, CH-5330 Zurzach, Telefon* (00 41 56) 2 49 24 00. Öffnungszeiten: täglich 14 bis 17 Uhr oder auf Anfrage.

Schleitheim: Thermenmuseum Juliomagus, Am Salzbrunnen, CH-8226 Schleitheim, Tel.* (00 41 52) 6 80 18 46. Besuch jederzeit möglich, Führungen auf Anfrage.

Hüfingen: Der Weg ist ausgeschildert. Öffnungszeiten: sonn- und feiertags 14 bis 17 Uhr, während der Schulferien in Baden-Württemberg täglich 14 bis 17 Uhr.

Sondertermine außerhalb der regulären Öffnungszeiten: Archäologische Führungen für Erwachsene, Handlungsorientierte Führungen für Schulklassen und Werkangebote für Kinder und Jugendliche nach rechtzeitiger Voranmeldung bei der Stadtverwaltung, Hauptstraße 16–18, 78183 Hüfingen, Telefon (07 71) 60 09-24, Internet: www.buefingen.de

* Vorwahlen aus Deutschland

Tengen-Büßlingen
und der begehbare Grundriss

Bleiben wir in der Gegend und fahren von Hüfingen aus südostwärts noch näher an die Schweizer Grenze heran. Dann landen wir erst in Tengen und danach im Ortsteil Büßlingen. Denn der römische Gutshof in Tengen-Büßlingen macht was her – nicht, weil man da außer Mauern imposante Teile rekonstruiert hätte wie in Hechingen-Stein oder weil man da Schulklassen durchtreiben und belehren kann. Dieser Gutshof besticht schlicht und einfach durch seine Größe. Es ist der zweitgrößte römische Gutshof in Baden-Württemberg und Bayern. (Der bislang größte entdeckte Hof mit knapp acht Hektar Grundfläche ist die villa rustica in Meßkirch.)

Auf freiem Feld und eingebettet in eine mild dahinschwingende Landschaft mit dem Kirchturm von Tengen am Horizont, hat man hier in Büßlingen auf einer Fläche von 5,5 Hektar zehn Steingebäude freigelegt und als Freilichtmuseum zugänglich ge-

Nur aus der Luft erkennt man die Größe des Büßlinger Gutshofes.

macht. Das heißt, man hat die Grundmauern so weit hochgemauert, dass man einen Eindruck vom Ganzen gewinnt – mal nur einige Zentimeter über den Boden, mal 50 bis 60 Zentimeter, mal einen Meter und mehr. Das

Es ist schwer vorstellbar, dass hier einmal reges Leben herrschte.

Ganze, damit's einigermaßen echt aussieht. Dabei: Bis 1977 war hier überhaupt nichts zu sehen. Nur Felder, genau so, wie sie sich heute noch ringsum ausbreiten. Um das Areal aber vor dem radikalen In-Grund-und-Boden-Pflügen zu retten, sicherte man wenigstens die Grundmauern. Das Verfahren war einfach: Man musste nur im Boden die Linien finden, die seit Römerzeiten metertief mit Schotter gefüllt waren, um das Regenwasser in den Boden abzuleiten. Auf diese oben mit Mörtel verfestigten Grundmauern setzte man wie die Römer die meterdicken Mauern, an den Außenseiten sorgfältig hochgemauert, in der Mitte einfach mit Bruchsteinen und Mörtel aufgefüllt. So entstand in den Jahren 1977 bis 1983 der römische Gutshof noch einmal in Umrissen im Maßstab 1 : 1, ein begehbarer Grundriss sozusagen.

Und so findet sich neben einem wenig aufwändigen Hauptgebäude mit 25 Meter Frontbreite und Blickrichtung Südost damals wie heute das obligate Bad, ein Handwerkerhaus, sechs Wirtschaftsgebäude samt Schlachthaus und die Schmiede. Außerdem ein kleiner Prostylos-Tempel, also einen Tempel mit einer Säulenreihe vor der Front, ohne dass man allerdings weiß, wer hier verehrt wurde. Dafür wissen wir einigermaßen genau, wann dieses Landgut gebaut wurde: zwischen 75 und 80 nach Christus, also gleich zu Beginn der römischen Besatzung, und es bestand nahezu 200 Jahre. Jedenfalls wurde der Hof nicht vor dem Jahr 263 von den Alamannen erobert, wie sich mit Hilfe eines Münzschatzes feststellen lässt. Unter den 99 Münzen gibt es keine, die nach dem Jahr 263 geprägt wurde.

Freilich: Kinder und ähnliche Gemüter werden in Büßlingen einen Sandkasten zum Spielen vermissen, weil jede Anschaulichkeit fehlt. Schon eifrige Erwachsene haben es schwer, sich bei solchen gemauerten Grundrissen etwas vorzustellen, wenn sie auf derart weitläufigem Gelände völlig ahnungslos darin herumspazieren, zumal die erklärenden Tafeln zwar gut gemeint, aber wenig hilfreich sind. So sieht man auf den Tafeln die Dinge nie so, wie sie einem vor Augen liegen. Dafür aber tödlich korrekt in Nord-Südrichtung, sodass oft genug Gebäude, die in Wirklichkeit links zu sehen sind, auf dem Plan rechts liegen.

Und was nützt mir die Erklärung, der uns unbekannte Gott sei im Tempel im Heiligtum aufgestellt gewesen. Natürlich, wo sonst. Nur: Wo ist das Heiligtum in dem Mauergewirr? Erbarmen. Und warum findet man die grundsätzlichen Einführungen erst zum Schluss auf einem bewachsenen, lauschigen Schutthügel, der eher Hunde interessiert? Ist es so schwer, einen pädagogisch einleuchtenden Rundgang einzurichten?

Aber nur Mut. Was man sich selber erobert, freut einen besonders, und die Gegend ist so still und friedlich, am Parkplatz sind Bänke und Tische im Schatten, was braucht man mehr. Da waren um 1450 die Sitten noch rauer, als im Rachefeldzug der schwäbischen Städte gegen den Hegauer Adel die Tengener Hinterburg niedergebrannt wurde und die Schweizer 1455 dazu noch 40 Einwohner der vorderen Stadt erstachen.

Wir riskieren trotzdem auch hier einen Blick zur Schweiz hinüber. In Eschenz zum Beispiel, nicht weit von hier, führte einst die Römerstraße, die die Provinz Helvetien im Süden mit Germanien verband, an der obersten der drei Werdinseln über den Rhein. Bei niedrigem Wasserstand soll man vor langen Jahren noch die Pfahlstummel im Flussbett gesehen haben.

Und in Stein am Rhein kann man heute noch die wuchtigen Mauern des Kastells Tasgetium bestaunen. Ein Kastell, das nicht, wie wir's in Süddeutschland gewohnt sind, eines der ersten und ältesten ist, sondern schon deshalb Denkmalswert hat, weil es erst kurz vor 300, also ganz zum Schluss der Römerherrschaft, errichtet wurde, als die Alamannen längst dabei waren, die Römer zu vertreiben.

Aber lassen wir die Schweiz und kehren in die Anfänge der Römerzeit und an die Donau zurück. Dort hatten die Römer um das Jahr 50 nach Christus begonnen, die Heerstraße, die von Hüfingen aus die Donau entlangführt, mit Kastellen zu schützen. Eines davon lag in einem Ort, der heute Ennetach heißt. Ein wahres Mekka für all diejenigen, die eine verständliche, pädagogisch vernünftige Einführung in die Römerzeit suchen, von der auch Kids etwas haben. Von Büßlingen also auf nach Ennetach!

Römisches Freilichtmuseum Tengen-Büßlingen, Telefon (0 77 36) 9 23 30, Internet: www.tengen.de. Ganzjährig geöffnet. Der Weg ist ausgeschildert. Die Funde sind im Hegaumuseum in Singen (Hohentwiel) aufbewahrt: Hegaumuseum, Am Schlossgarten 2, Telefon (0 77 31) 8 52 67. Außerdem gelten als touristische Anziehungspunkte die Stadtanlagen von Tengen, das Deutschordensschloss in Blumenfeld und die Wasserfälle in der Mühlbachschlucht bei Tengen.

Bis unters Dach genutzt: das Römermuseum in Mengen-Ennetach.

Ennetach
und das Römermuseum

Unser nächstes Ziel, schon unter Einheimischen nur als »Annadah« bekannt, gehört als hochdeutsches Ennetach erst recht zu den Geheimnissen dieser Welt. Man erreicht es, wenn man von Tuttlingen her auf der Bundesstraße 311 gen Ulm zielt und bei Mengen (das Städtchen heißt so) links nach Sigmaringen abbiegt. Hier geschieht dann das Wunder: Mitten in Mengen beginnt plötzlich Ennetach. Kaum hat man das begriffen und fährt gerade mitten im Ort neugierig auf der Hauptstraße um eine

Kurve, steht da, fahnenumflattert, eine Art gläserner Scheune. Und da wir seit Hüfingen gewohnt sind, Römisches in Scheunen vorzufinden, sind wir richtig, auch wenn unten ein Café namens »Domus« residiert.

Auf der spiegelnden Glasfläche steht jedenfalls »Römermuseum Mengen-Ennetach«. Wir parken, zahlen unseren Obolus und sind in Germania superior, Sektion Donaulimes, der zum Schutz der großen römischen Heerstraße von Hüfingen bis nach Regensburg reichte. Treppab erfahren wir in Wort und Bild, wie Archäologen arbeiten: Luftbildaufnahmen, Dendrochronologie, Grabungen und, grüß Gott, ein riesiges »Lackprofil« wie in Heitersheim – Ausgrabungen zum Anfassen.

Zu ebener Erde wieder das verlockende Café, wir aber steigen tapfer höher (oder fahren mit dem Fahrstuhl) und sind endgültig unter Römern, wie es auch Kinder interessiert. Hier erfahren wir, wo sie wohnten, wie sie wohnten, wie sie bauten und was sie wegwarfen. All das auch zum Anfassen: Da steht eben, pädagogisch wertvoll, römischer Müll neben heutigem Müll, Tonscherben und Knochen neben Plastikdosen und Flaschen. Da laden römische Kleidung, Marschgepäck und Spiele zum Mitmachen und Begreifen ein, und schon wundert es mich gar nicht, dass eine Schar kleiner Römer in römischen Gewändern an mir vorbeirennt. Für die großen Leute ist auch gesorgt. Fünf Themenkreise informieren fasslich und geschickt über das Leben von damals: Handel, Mode, Bauweise, Essen und Trinken, Religion. Dazu kann man sich kleine Filmchen ansehen oder auf einem Geländemodell per Knopfdruck die Besiedelungphasen verschiedener Zeitstufen projizieren. Verständlich gemachte Geschichte zum Anfassen – genau das, was in Büßlingen fehlte.

Dafür fehlt hier, was Büßlingen hat: Das authentisch Gewachsene, das auch nach 2000 Jahren noch an Ort und Stelle existiert. Die Badescheune von Hüfingen schützt Mauern, die seit 2000 Jahren dort stehen. Die Glasscheune in Mengen-Ennetach schützt nichts dergleichen, sie bewahrt Sachen, die extra hingeschafft worden sind. Immerhin: Anlass für das Museum in Ennetach waren die Funde im Kastell oben auf dem Berg und aus dem Vicus, dem Kastelldorf, hier unten. Und welches Museum hat schon einen archäologischen Lehr- und Wanderweg zu bieten, der vom Museum auf den Berg zum Kastell führt, zur Viereckschanze und zum römischen Bad (auch wenn oberirdisch

Die Glasfassade verschafft den »Durchblick« schon von außen.

praktisch nichts mehr zu sehen ist), und der zum Museum, Abteilung Café »Domus«, zurückführt, wo man endlich seine verdiente Erfrischung bekommt?

Es ist dies die Stelle, von einer Erfrischungmöglichkeit auch außerhalb der Museumszeiten zu berichten. Nach Voranmeldung und ab zehn Personen bietet das Café »Domus« nämlich am Abend eine Rarität besonderer Art: ein Römeressen. Zu diesem Zwecke, was sage ich: Behufe, wird man in römische Gewänder gesteckt, da gibt's vorm Mahle wie bei feinen Leuten die Fußwaschung und da werden, wie sich das gehört, die Hände natürlich mit Rosenwasser übergossen, ehe das Fünf-Gänge-Menü beginnt. Die Speisen selbst werden alle nach dem Kochbuch des Apicius aus dem 2. Jahrhundert nach Christus zubereitet. Wohl bekomm's! Dazu Weißwein, Rotwein und Wasser. Der einzige Stilbruch: Gegessen wird im Sitzen, nicht im Liegen, und man bezahlt in Euro, nicht in Denaren.

Informationen: Römermuseum, Kastellstraße 52, 88512 Mengen-Ennetach, Telefon (0 75 72) 76 95 04. www.roemermuseum.mengen.de. Öffnungszeiten: April bis November Di bis So 10 bis 18 Uhr. Führungen auf Anfrage. Die Lehrpfadwanderung dauert anderthalb bis zwei Stunden.

Informationen zum Römeressen: Familie Jäger, Telefon (0 75 72) 76 95 06 oder im Internet (siehe oben). Das Fünf-Gänge-Menü inklusive »römischem« Tischwein, zubereitet nach dem Kochbuch des Apicius aus dem 2. Jahrhundert nach Christus, dauert 3 bis 4 Stunden. Nur nach Voranmeldung. Teilnehmerzahl zwischen 10 und 30 Personen.

Wurmlingen und das Bad auf der Briefmarke

Nach unserem Ausflug ins Donautal zurück zu den Ausläufern des Schwarzwaldes. Auf unserem Weg nordwärts suchen wir Wurmlingen. Aber jetzt nicht falsch fahren. Gemeint ist nicht das Wurmlingen hinter Tübingen mit »Droben stehet die Kapelle«. Dieses Wurmlingen hat nichts mit dem Nationalheiligen Ludwig Uhland zu tun. Dieses Wurmlingen liegt bei Tuttlingen und hat schon so manchen Briefumschlag verschönt: Die Ausgrabung, die wir jetzt besuchen, war mit dem Text »Archäologie in Deutschland« im September 2002 auf einer Briefmarke der

Deutschen Post abgebildet, wenn auch zum Kummer der Bewohner der Name Wurmlingen auf der Marke fehlte.

Das Besondere an diesem Wurmlingen ist, wie sollte es anders sein, natürlich das römische Bad und da wieder die Tatsache, dass die Alamannen dieses Bad um das Jahr 260 einfach übernommen und als Speicher weiterbenutzt haben. Das ist eine Neuigkeit, denn eine solche gezielte Nutzung römischer Steingebäude durch

Wurmlingen: das Original zur Briefmarke

Die Holzpfosten der Alamannen als Nachbildungen

die Germanen in jener Zeit war jedenfalls bisher nicht bekannt. Woher weiß man aber, dass die Alamannen just dieses Gebäude weiterbenutzt haben? Ganz einfach: Das lässt sich mit den noch erhaltenen Pfostenlöchern nachweisen, denn mit den Alamannen hörte die Steinbautechnik erst einmal auf. Als man das Bad vor ein paar Jahren ausgrub – es wurde überhaupt erst durch Luftaufnahmen entdeckt, 1993 bis 1995 freigelegt und 1998 der Öffentlichkeit übergeben –, entdeckte man im Boden charakteristische Verfärbungen, wie man sie woanders längst als Überbleibsel von Holzpfählen kannte. Und wie praktisch: An den Rändern der viereckigen Holzlöcher steckten flache Steine. Die Alamannen benutzten vor 1800 Jahren demnach die gleiche Methode, um Pfähle senkrecht in die Erde zu rammen, wie wir: Sie schlugen Steine als Keile ein, um die Stämme auszurichten.

Genau so hat man das in Wurmlingen auch rekonstruiert. Man sieht ein Pfostenloch mit den Steinkeilen; man sieht die Nachbildungen alamannischer Holzstämme in den anderen Löchern; man sieht auf den Wandtafeln und im Modell, wie das dann damals ausgesehen hat. Und vor allem: Man sieht übersichtlich dazwischen und darunter das kleine römische Bad, wie es auf der Briefmarke abgebildet ist. Das Ganze kann man sich vorstellen, zumal es gut erklärt ist. Das Scheunenbad in Hüfingen, das man gar noch aus der Vogelperspektive zu sehen bekommt, ist dagegen in seiner Größe vergleichsweise weit weniger übersichtlich und daher weniger anschaulich.

Das kleine Briefmarkenbad in Wurmlingen kann man seit ein paar Jahren in einem gläsernen Schutzbau besichtigen und sich über die römische und alamannische Geschichte dieses römischen Gutshauses und seines Bades informieren. Ob das gelingt, steht dahin, denn nicht jeder hat Lust und Gelegenheit, sonntags zwischen 14 und 16 Uhr in Wurmlingen zu sein – nur dann wird der Pavillon zwischen Mai und September von ehrenamtlichen Helfern offen gehalten. Allerdings kann man im Rathaus erfragen, welche Möglichkeiten es sonst noch gäbe. Die Informationen und Telefonnummern sind am Pavillon angeschlagen. Oder man guckt sich einfach das Bad durch die Scheiben an und sieht zudem in einer Vitrine Fundstücke wie den steinernen Gully, durch den vor fast zwei Jahrtausenden das Wasser aus dem Bad abfloss ...

Denn ob drin oder draußen, wir sind so oder so auf römischem Gelände. Rechts vom Pavillon spielen Kinder in den Trümmern des römischen Wirtschaftsgebäudes, und das neue Einfamilienhaus daneben steht auf den Trümmern der villa rustica.

Der Weg zum Bad in Wurmlingen ist ausgeschildert. Am Ortsrand gerät man im Neubaugebiet in einen Kreisverkehr; ein kleines Schild zeigt, fast zu spät, die richtige Ausfahrt. Zu Beginn der dritten Straße ist der Pavillon nicht zu übersehen. Parkplatz vorhanden. Geöffnet: Mai bis September So 14 bis 16 Uhr und ganzjährig nach Vereinbarung (mit archäologischer Führung). Gemeindeverwaltung, Rathaus, 78573 Wurmlingen, Telefon (0 74 61) 92 76-0. Im Internet stehen Details zum Bad unter www.konzenbergschule.de

Schramberg-Waldmössingen und das Kreuz mit dem Kastell

Nach lauter friedfertigen Bädern und Bauernhöfen kann etwas Martialisches auf Dauer nicht ausbleiben. Hier also endlich ein römisches Kastell, dessen Existenz einem sofort einleuchtet: Es beschützte die um das Jahr 75 nach Christus gebaute große römische Heerstraße von Straßburg durchs Kinzigtal an den Neckar und weiter nach Rätien. Wir erinnern uns: Ihretwegen war die Besatzung von Hüfingen hierher verlegt worden und die Bedeutung von Hüfingen zurückgegangen.

So lockt man uns also nach Waldmössingen im Schwarzwald, auf halbem Wege zwischen Schramberg und Oberndorf am Neckar, wo das Kastell auf einem spornartigen Vorsprung zwischen Neckar und Kinzig liegt. Ich lese, dass die römische Straße nach Westen vom Kastell aus gut zu überblicken ist und dass man von hier aus zudem einen »vorzüglichen Eindruck der topographischen Lage des Kastells« hat.

Nichts davon ist wahr. Zwar hat die RLK (bekanntlich die Reichslimeskommission) im Jahr 1896 hier ein Kastell lokalisiert; zu sehen ist davon aber heute so wenig wie damals. Das wird in Nachschlagewerken auch nicht verheimlicht. Nur stimmt auch das nicht. Neuere Nachschlagewerke weisen nämlich darauf hin, dass in den Jahren 1976 bis 1981 ein Eckturm des Kastells rekonstruiert und wieder aufgebaut worden ist. Dafür ist zum

Ausgleich die römische Straße nicht zu sehen, und da die Landschaft im Lauf der Jahre zugewachsen ist, vermisst man auch den vorzüglichen Eindruck der topographischen Lage. Gar nicht zu reden davon, dass es den beschriebenen Zufahrtsweg längst nicht mehr gibt.

Ich fange von vorn an: Als einzige Erinnerung an die römische Heerstraße durchs Kinzigtal im Jahr 75 hat man 1900 Jahre später in Waldmössingen den Eckturm eines Kastells rekonstruiert und als kleines Museum eingerichtet. Turm und Waldmössinger Museum erinnern zwar an den Römerpark Köngen, aber das schadet nichts. Wenn man vom Ort aus an der Kastellhalle vorbei den Feldweg zum Tiergehege und Kastell weiterfährt, steht der nachgebaute Turm eindrücklich und trutzig auf einer Anhöhe gegen den Himmel.

Nun ahnt man: So hat es sicher auch damals ausgesehen und die Barbaren erschreckt. Und was die topographische Lage angeht: Man kann sich gut vorstellen, dass das Kastell an dieser exponierten Stelle auf dem Bergrücken zwischen Kinzig und Neckar ideal lag. Das Heidnische am Kastell hat man, wie zuletzt in Hüfingen, nach guter alter Tradition mit einem Kruzifix neutralisiert, das unweigerlich auf jedes Foto gerät. Eine Tafel orientiert über den Grundriss und die Geschichte des Kastells.

Alles in allem: Wir haben in schöner Landschaft und geruhsamer Umgebung ja doch noch was zu sehen bekommen.

Das Kastell erreicht man über den Ort Waldmössingen. Im Kreisverkehr des Ortes die Ausfahrt nach Beffendorf wählen, kurz danach beim Schild »Kastellhalle« links abbiegen, Richtung »Römerkastell« und »Tierpark« weiter. An der Halle vorbei, nach weniger als 100 Metern sieht man den Kastellturm vor sich, Parkplatz beim Tiergehege (Rehe und anderes Wildgetier). Eintritt in das Turmmuseum von April bis Oktober, sonn- und feiertags 13.30 bis 17.30 Uhr. Gruppenführungen gibt's auf Anfrage im Bürgermeisteramt Waldmössingen, Telefon (07402) 213. Das Kastell selbst ist frei zugänglich.

Rekonstruierte Kastellecke in Waldmössingen

Rottweil
und der Studiosus Planck

Die Römer nannten die Ansiedlung, an der sich die Heerstraßen von Straßburg nach Rätien und von Hüfingen nach Rottenburg kreuzten, nach den Altären zu Ehren der Flavier »Arae Flaviae«. Im Mittelalter hieß der Ort in Erinnerung an die römische Gründung noch rotuvilla – gemeint ist das heutige Rottweil, ein Städtchen

Prunkstück des Dominikaner-
museums – das Orpheus-Mosaik

mit steilen Giebelhäusern, Speicheraufzügen unterm Dach und verspielten, bunten und reich geschmückten Erkern an jeder Front. Es ist, auch wenn es seit 1463 mal eine Zeit lang der Schweizer Eidgenossenschaft angehörte, die einzige Siedlung in Baden-Württemberg, die schon zu Römerzeiten das Stadtrecht besaß und sich municipium, also Stadt, nennen durfte.

Im Jahr 73 nach Christus hatten die Römer hier einen ersten Militärstützpunkt mit sechs einfachen Kastellen errichtet, aus denen im Lauf der Jahre große, in Stein aufgeführte Anlagen wurden. Drei Bäder und einige Tempel kamen hinzu, ein richtiges Landstädtchen entstand mit Häusern, Straßen und Läden bis hin zu einer veritablen Geldfälscherwerkstatt, deren Gussformen man heute im Museum bestaunen kann.

Die Römer haben also genug hinterlassen. Aber auch wenn schon im Jahr 1831 in Rottweil der erste historische Verein in Württemberg unter dem schönen Namen »Verein zur Aufsuchung von Altertümern« gegründet wurde, nützt uns das wenig. Uns geht es hier wie in Ladenburg und später in Rottenburg: Es steckt noch eine ganze römische Stadt im Erdboden, wir aber haben davon nichts, weil seit Jahrhunderten immer neue Häuser darüber gebaut wurden.

Was wir an römischen Funden besichtigen können, sind also vor allem Museumsstücke, die man in Vitrinen aufbewahren kann: Hausrat, Kleinfunde wie Fibeln, Amulette, Schminkvasen, Spiegel, Schmuck, Dolche, Äxte und Münzen, aber auch Austernschalen – kurz alles das, was sich im Lauf der Zeit in einem Haushalt sozusagen in Ritzen und Ecken verkrümelt hat. Nur einmal ist es gelungen, ein acht mal acht Meter großes Mosaik zu retten – und schon um dieses einzige Prunkstück in ganz Germania superior zu sehen, lohnt sich der Besuch im Dominikanermuseum. Gehen wir also zunächst ins Museum, bevor wir das obligate römische Bad ansehen.

Das Museum ist in einem Neubau aus dem Jahr 1992 untergebracht, was bedeutet, dass es nach modernen Gesichtspunkten und pädagogisch geschickt angelegt ist. In zehn Abteilungen werden zehn Gebiete vorgestellt und zwar nicht per Schautafeln und vielen Texten, sondern mit den originalen Gegenständen aus dem römischen Alltag, und wenn's Tierknochen sind, Amphoren für die Thunfischsauce, Schmuckfibeln, unanständige Amulette oder harmlose Hausschlüssel und Münzen. Um das alles anzugucken, kann man hier schon einige Zeit zubringen – aber es lohnt sich.

Zu zwei Exponaten, dem Mosaik und einem Schreibtäfelchen, noch ein paar Worte extra: Das Mosaik, freilich nur bruchstückhaft erhalten, wurde bereits 1834 gefunden und zunächst an Ort und Stelle, in einer vornehmen römischen Villa, konserviert, danach aber dreimal »umgebettet« – bei rund 570 000 Mosaiksteinchen bedeutete das schon einige Mühe. Es zeigt im Mittelfeld Orpheus, von Tieren umgeben, mit einer fünfsaitigen Kithara; vermutlich stammt es aus der Zeit von Kaiser Mark Aurel, also zwischen 161 und 180. Etwas später soll ein zweites Mosaik entstanden sein, das so genannte Sol-Mosaik, das – leider ebenfalls nur bruchstückhaft – den Sonnengott (Sol) mit Strahlenkranz und Peitsche zeigt.

Die zweite Kostbarkeit, nicht mal postkartengroß, ist ein dünnes Tannenholzbrettchen mit seltsamen Rit-

Blick ins Warmbad

zungen, die wie hunderte nebeneinander gelegte Fliegenbeine aussehen. Es ist der klägliche Rest eines Schreibtäfelchen, das 1950 in der Schlammschicht eines zehn Meter tiefen römischen Brunnens gefunden wurde. Obwohl die Wachsschicht, in die der Text eingeritzt wurde, längst verschwunden ist, sind sich die Fachleute sicher, dass auf diesem Täfelchen am 4. August des Jahres 186 nach Christus das Urteil eines Rechtsfalles festgehalten worden ist. Sie lesen einem sogar den vollen Wortlaut des Textes vor, denn was unsereiner für Fliegenbeine hält, ist sozusagen der Durchschlag des Textes. Der Schreiber hat damals so stark aufgedrückt, dass der Griffel im Holz darunter seine Spuren hinterlassen hat.

Entscheidend ist dabei die markierte Stelle auf der 4. Zeile von unten, denn sie beweist, dass Rottweil, das alte Arae, schon damals eine Stadt, ein municipium, gewesen ist. »Actum municipio Aris« (abgehandelt in der Stadt Arae), lesen da die Gelehrten, und wir ungeübten Laien können die entsprechenden lateinischen Buchstaben sogar stellenweise nachempfinden.

Das Römerbad in Rottweil beeindruckt durch Größe und Umriss.

Damit verlassen wir das Museum mit halbwegs ehrfürchtigen Gefühlen und machen uns auf, das übliche Bad zu besichtigen, das denn auch das übliche Bad im Reihentypus ist. Das Besondere ist seine Größe und die Ästhetik seines Umrisses, die man allerdings eher auf dem Plan als in natura entdeckt, weil man auf gleicher Höhe wie die Ausgrabung keinen Überblick gewinnt. Die luftigen Stege in Badenweiler und der Hüfinger Badescheune hatten da schon ihren Sinn.

Reizvoll ist seine Entdeckungsgeschichte. Als man im Frühjahr 1967 den Friedhof erweitern wollte, stieß ein ehrenamtlicher Mitarbeiter des Landesdenkmalamtes auf der benachbarten Wiese auf die Mauerreste eines Bades. Zur gleichen Zeit war ein Student namens Dieter Planck in Rottweil dabei, Material für seine Doktorarbeit zu sammeln. Sie sollte heißen »Arae Flaviae, Neue Untersuchungen zur Geschichte des römischen Rottweil«.

Aber statt nun über neue Untersuchungen zu schreiben, wurde der Doktorand Planck aus heiterem Himmel beauftragt, diese Untersuchungen selbst vorzunehmen und das Bad auszugraben.

War schon das ungewöhnlich, waren es die Voraussetzungen erst recht: Als Arbeitsmaterial erhielt der Herr Student eine kleine Obstkiste voll Grabungsgerät. Genauso gut hätte man versuchen können, ein Freibad mit dem Zahnputzbecher auszuschöpfen. Es scheint, dass später dann doch noch einiges Gerät und einige Ausgräber dazugekommen sind. Jedenfalls wurden 1972 die Ausgrabungen in Rottweil auch auf andere Gebiete ausgeweitet, bei denen ein gewisser Dr. Dieter Planck Lehrgrabungen veranstaltete. Als keine zwanzig Jahre später das neue Dominikanermuseum mit den römischen Schätzen der Öffentlichkeit übergeben wurde, war selbstverständlich auch der Präsident des Landesdenkmalamtes Baden-Württemberg anwesend. Es war ein gewisser Prof. Dr. Dieter Planck ... So viel zum Thema »Das Rottweiler Römerbad und die Karriere des Studenten Planck«.

Das Dominikanermuseum befindet sich in der Straße »Am Kriegsdamm« und hat seit Anfang 2004 dienstags bis sonntags nur noch am Nachmittag von 14 bis 17 Uhr geöffnet, montags und an Feiertagen während der Woche ist es geschlossen. Führungen auch außerhalb der Öffnungszeiten möglich: Infotelefon (07 41) 49 43 30.

Die Zufahrt zum Dominikanermuseum ist ausgeschildert, der Eingang selbst nicht. Es befindet sich in einem modernen Gebäude unmittelbar hinter der rosa gestrichenen Dominikanerkirche, die die bergauf führende Straße abzuschließen scheint. Parkmöglichkeit: Der Straße um die Kirche herum wenige Meter bergauf bis zum Verkehrskreisel folgen. Links dann ein Parkhaus und zwei Parkplätze: der vordere am Supermarkt normal kostenpflichtig, der unmittelbar daran anschließende die ersten drei Stunden kostenlos.

Das Römerbad: Wieder bergab und zur Hochbrücktorstraße. Über die Hochbrücke und dann einfach etwa 1,5 Kilometer der Straße folgen, bis links ein Friedhof mit Kapelle auftaucht. Danach sofort links abbiegen und praktisch neben dem Römerbad parken. Das Bad ist frei zugänglich.

Oberndorf und die verschwundene Mauer

Dass sich Archäologen über verschüttete Brunnen freuen, weil man darin allen möglichen Abfall finden kann, der uns das Leben früherer Zeiten erklären hilft, dass sie dankbar kaputte Kleiderspangen, zerbrochene Werkzeuge und beschädigte Waffen sammeln, weil anderes sich oft nicht erhalten hat – das ist nichts Neues. Dass Archäologen aber hochbeglückt sind, weil sie in all den Trümmern eine umgefallene Mauer finden, nichts anderes als eine einfache, umgefallene Mauer, das ist schon seltener.

Geschehen ist das in Oberndorf am Neckar. Dort ist man seit 1994 dabei, im Ortsteil Bochingen eine villa rustica mit einer Gesamtfläche von etwa 3,2 Hektar freizulegen. Allmählich wissen wir ja schon, was dabei erst einmal zu Tage kommt: Grundmauern und Schutt. In Bochingen dagegen fehlte bei einem Nebengebäude an einer Seite der typische Geröllhaufen der zusammengefallenen Mauer. Dafür lag eine vollständig erhaltene, komplette Wand mit einer Höhe von sieben Metern auf der Wiese, ein großes Tor in der Mitte sowie links und rechts Fensteröffnungen. Kein Mensch weiß, warum sie umgefallen ist. Erdbeben, Unterspülung, nachgiebiger Untergrund, schief gebaut – alles ist möglich.

Es ist die erste und bisher einzige römische Mauer in Obergermanien, die noch in voller Höhe erhalten ist und deren Proportionen wir dadurch

Auf diesem Luftbild ist die umgefallene Oberndorfer Mauer noch zu sehen: in der Mitte das hohe Tor, flankiert von zwei Fenstern.

kennen lernen. Eine Höhe von sieben Metern ist schon recht erstaunlich. Unsere Wohnungen heutzutage haben eine lichte Höhe zwischen 2,3 und 2,5 Metern, sodass beim typisch schwäbischen Dreifamilienhaus die Dachrinne in fünf Meter Höhe läge. 5,50 Meter hoch aber war bei der umgestürzten Mauer in Oberndorf allein schon das Mitteltor. Wozu so ein riesiges Tor?

Also nichts wie hin. Bochingen finden wir, den Ausgrabungsort erfragen wir, den Grabungsleiter begrüßen wir. Wo also die Mauer sei, die in dem Band »Römische Archäologie in Deutschland«, soeben bei Reclam 2003 erschienen, aber auch im Faltblatt des Vereins »Römerstraße Neckar-Alb e. V.« ausführlich angepriesen wurde, wollen wir wissen.

Die Mauer? Die ist längst nicht mehr da, ist seit Jahr und Tag Stein um Stein abgetragen und archiviert, da die Grabungsstelle nicht erhalten werden kann und eines Tages Industriegebiet werden wird. Ich sehe die leere Stelle. Ein Trost bleibt: Irgendwann und irgendwo wird man die Rekonstruktion der Wand zu sehen bekommen. Oberndorf, Ortsteil Bochingen können wir vergessen.

Leider sind solche Erlebnisse nicht einmalig. Was in Prospekten und Nachschlagewerken angepriesen wird, ist manchmal längst überholt und manchmal noch gar nicht passiert. Da wird in dem gleichen Faltblatt des zuständigen Vereins »Römerstraße Neckar-Alb e. V.« bei Engen ein großer, eben freigelegter Bauernhof, eine villa rustica der besseren Art, angepriesen. Ich fahre also von Tengen-Büßlingen ins benachbarte Engen-Bargen und finde nichts. Kein Wunder: Den Leuten ist vor längerer Zeit das Geld ausgegangen und die schöne villa rustica liegt noch unausgebuddelt im Wald.

Und da aller guten Dinge drei sind, gleich noch eine dritte Variante, Typ »vorhanden und doch nicht da«. Auch sie stammt aus der Gegend, nur ein paar Kilometer den Neckar entlang. Sie ist ein eigenes Kapitel wert.

Sulz und der Keller im Glashaus

Einen römischen Keller besonderer Art finden wir, schön unter einem gläsernen Pavillon gesichert, in Sulz am Neckar, und man staunt andächtig: »Der Keller, dessen Größe (7 m mal 5 m) schon über dem von römischen vici bekannten Durchschnitt liegt, ist mit seiner Ausgestaltung in Deutschland bisher ohne Parallele«, verheißt ein Faltblatt. Und schon fährt man hin, zumal der ADAC-Freizeitatlas Baden-Württemberg mit gedrucktem Symbol und Text »Röm. Kastell« lockt und der Band »Die Römer in Baden-Württemberg« seitenlang in Wort und Zeichnung dieses »Kohortenkastell am Neckar« beschreibt. In Sulz angekommen, locken die Schilder denn auch zum Stadtteil Kastell, wo man auch ein Gasthaus gleichen Namens findet. Was kann einem Besseres passieren?

Nur, dass es kein Kastell zu sehen gibt, nichts, aber auch gar nichts von dem, was man seitenlang beschrieben findet. Stattdessen steht man zwischen einer modernen Wohnsiedlung und einem weitläufigen Gewerbegebiet und tröstet sich damit, dass man doch nicht ganz falsch sein kann: Die Bushaltestelle jedenfalls heißt »Kastell«. Und da entdeckt man ja auch schon ein ganzes Stück hin auf einer Wiese, das Schild »Zum Römischen Keller«. Nur, dass der Pavillon natürlich verschlossen ist und sich weit und breit kein Hinweis findet, wann er vielleicht einmal zugänglich ist.

Sulz: Kultraum oder Vorratskeller? Wir wissen es nicht.

Hätte ich doch rechtzeitig im Internet nachgeguckt. Dort hätte ich den Hinweis gefunden, dass der Pavillon jeden ersten und letzten Sonntag im Monat von 10.30 bis 13 Uhr geöffnet ist. So fahren wir zurück in die Stadt zum Rathaus und lesen in einem Prospekt: »Besichtigung nach Vereinbarung ...«. Im Rathaus erfahren wir dann neue Öffnungszeiten: »immer am ersten und letzten Sonntag v. 10:00 bis 12 Uhr.«

Nun ist aber gerade Dienstag. Wehmütig fahren wir noch einmal zum Pavillon und sehen durch die spiegelnden Glasscheiben in den einmaligen Keller aus den Zeiten Kaiser Vespasians, an dem Sachkundige fünf Bauperioden feststellen können, die letzte war entsprechend den Münzfunden um 180 nach Christus.

Das Besondere: Er war offenbar keiner der üblichen Vorratskeller, sondern diente mit Feuerstelle, bemalten Wänden und seinen architektonisch interessanten Fenstern auch anderen Zwecken, was die Wissenschaftler wieder mal zu Forschungsergebnissen im Konjunktiv verleitet. »Wir können die ursprüngliche Funktion des Kellers zwar nicht mit letzter Sicherheit bestimmen«, lese ich, »doch muss eine Nutzung als Versammlungsraum einer nicht näher zu bestimmenden Kultgemeinde (Händler?) in Erwägung gezogen werden.« Das widerspricht freilich den Ergebnissen der Ausgrabung aus den Jahren 1967 bis 1972, als man an dieser Stelle eine ganze Straße mit acht römischen Häusern provisorisch freilegte und mehrere heizbare und bemalte Keller fand, die mit Sicherheit nicht auch noch als obskure Kulträume für Händler benutzt wurden.

Wie dem auch sei: Diesen einen Keller kann man jedenfalls durch die Glasscheibe erkennen, auch wenn man die vier Stunden Öffnungszeit pro Monat zufällig verpasst. Wann das bereits um 1970 ausgegrabene, aber wieder zugeschüttete Gelände des Kastells und der zweitausend Jahre alten Häuser besichtigt werden kann, steht in den Sternen. Doch ein Trost bleibt, das Areal wurde »nicht überbaut und als archäologisches Reservat für nachfolgende Forschergenerationen erhalten«.

Findehilfe: Fahren Sie auf der Zubringerstraße von Sulz am Neckar zur Autobahn A 81. »Kastell« ist ausgeschildert. Öffnungszeiten: Nach www.sulz.de/main/tourismus erster und letzter Sonntag im Monat von 10.30 bis 13 Uhr geöffnet, nach Auskunft im Rathaus an den genannten Tagen von 10 bis 12 Uhr. Besichtigungen nach Vereinbarung. Informationen dazu bei Herrn J. Flaadt, Telefon (0 74 54) 29 98.

Rosenfeld
und die Römervilla zwischen
Schwabenvillen

Bei der villa rustica in Rosenfeld im Zollernalbkreis ist alles typisch. Typisch ist die Entdeckung: Sie wurde 1973 bei der Planung eines Neubaugebietes aufgespürt. Es ist eine typische Portikusvilla in typisch östlicher Hanglage mit typischen Ecktürmen, den so genannten Risaliten, und natürlich enthält das Gebäude ein Bad und sogar eine Latrine. Was will man also mehr.

Aber so einfach scheint es wohl doch nicht zu sein. Wenn das die Wohnvilla ist, warum steht dann unmittelbar daneben, allerdings erst durch Luftaufnahmen festgestellt, ein Gebäude ganz ähnlicher Struktur? Wir kennen es ja von Büßlingen: das Wohngebäude in der Mitte, die Wirtschaftsgebäude rundherum, manchmal auch, wie in Hechingen-Stein, das Bad extra. Oder waren die beiden Gebäude Teil einer Straßenstation, sozusagen ein römisches Motel? Dagegen spricht wiederum, dass die Straße rund anderthalb Kilometer entfernt vorbeiführte; ein bisschen weit für eine Herberge.

Was sehen wir also hier als Ausgrabung, von der nur der westliche Teil restauriert, der größere Teil durch Neubauten überbaut wurde? Warum sind die Ecktürme um mehrere Räume verlängert, sodass eine Art Seitenflügel entsteht? Nachdenken ist erlaubt, hier wie auch bei anderen Grabungen. Nicht immer passen die

bekannten Schemata, auch wenn die Archäologen sie natürlich als Erstes probieren. Wo zum Beispiel ist an anderen Villen die Toilette so schön als separates Klo neben der Badeanlage angebaut wie hier, sodass das Abwasser des Bades per Kanal den Ort zu einem ordentlichen WC, einem »watercloset«, macht? »Eine bislang einmalige Entdeckung in unserem Raum«, jubelte denn auch Dr. Dieter Planck, seinerzeit Konservator beim Landesdenkmalamt Baden-Württemberg.

Statt über das Römische Reich und seinen Einfluss auf die Weltgeschichte nachzudenken, sitze ich hier und überlege, ob nicht derartige Wasserspülungen für Bad und Toilette auch

Die roten Markierungen zeigen, von wo an die Mauern in Rosenfeld nachgebaut sind.

mit dafür verantwortlich sind, dass so erstaunlich viele römische Bauernhöfe und Villen an Berghängen angelegt sind und sich auf diese Weise die Sickergrube ersparen. Immerhin: Was wir hier sehen, ist das liebevoll und sachkundig restaurierte Fragment einer römischen Villa in einer modernen Grünanlage, mehr nicht. Man beachte, dass hier das Originalmauerwerk mit einer Farblinie gegen das rekonstruierte Mauerwerk abgesetzt ist: So kann man nachvollziehen, was noch da war und was aus Gründen der Anschaulichkeit wieder aufgebaut wurde.

Apropos Villen: Was heute da so rund um die alte römische Villa mit Blick auf Alb und Hohenzollern steht, kann einen schon ins Grübeln bringen. Wie viel sinnlos reiche Menschen es doch im Schwäbischen geben muss, dass sie es wagen können, statt in Dreifamilienhäusern in unrentablen Einfamilienhäusern, sprich Villen zu leben, von denen jede anders aussieht und die behaglich in sinnlos grünen, herrlich nutzlosen Gärten liegen, in denen kein Salat gezüchtet wird. Das allein lohnt schon die Fahrt hierher.

Die villa rustica oberhalb des Weingartentales und nördlich der Altstadt ist als Freilichtanlage zugänglich. Suchanleitung: Wenn man aus Oberndorf am Neckar kommt, befindet sich kurz nach dem Ortseingang von Rosenfeld auf der linken Seite eine Esso-Tankstelle. Nach der Tankstelle links abbiegen (Lindenstraße), dann rechts in die Panoramastraße (3. Straße) einbiegen. Bald kommt links das Holzschild »Römerbad licet«. In den Hartweg einbiegen und weiter nach Gefühl rechts halten, bis auf der rechten Seite ein überdachter, mit Gras bewachsener Platz samt Ruine auftaucht. Informationen: Stadtverwaltung, Frauenberggasse 1, 72348 Rosenfeld, Telefon (0 74 28) 93 92 16.

Rottenburg und der Donnerbalken

Bequemer als in Rottenburg kann man's eigentlich kaum haben. Man fährt, nicht weit vom Dom, in das Parkhaus in der Sprollstraße, am Wochenende sogar umsonst, und schon ist man im alten Sumelocenna der Römerzeit gelandet. Das Römische Stadtmuseum befindet sich nämlich unter der Garage. Man braucht nur den Schildern zu folgen, um das Parkhaus herumzugehen, und schon ist man da und fühlt sich an den Bestseller»Mit dem Fahrstuhl in die Römerzeit« aus dem Jahr 1959 erinnert. Mit diesem Titel verblüffte Rudolf Pörtner damals die Nation und lockte sie unter die Oberfläche von Köln und in die Keller.

Im Rottenburger Reihenklo ist gut Plaudern.

Ausgetretene Stufen (links) führen zur 32 Meter langen Gemeinschaftstoilette.

Womit man uns Nachgeborenen seit dem Jahr 1992 in Rottenburg unter die Erde lockt, ist aus einem anderen Grunde verblüffend. Da ist nun das alte Sumelocenna seit den Achtzigerjahren des ersten Jahrhunderts eine der ältesten römischen Siedlungen im Schwarzwald, als Rast- und Schutzstation für die Handelsstraße durch das Kinzigtal nach Regensburg gedacht.

Wo man nachgräbt, stößt man daher auf Römer, und der kiloschwere Band, in dem auf 729 Seiten alle Funde bis zum Jahr 1985 aufgelistet und dargestellt sind, kostet die Kleinigkeit von 92 Euro. Vom ganzen alten Sumelocenna jedoch ist nur die Ausgrabung im Museum unter dem Parkhaus zugänglich, denn alle anderen Grabungen sind längst wieder überbaut.

Voller Ehrfurcht betritt man also die einzige geheiligte Stätte. Und schon sieht man eine Art Wendeltreppe, deren völlig ausgetretene Stufen noch tiefer nach unten führen in einen Raum, den die alten Römer, nach den abgenutzten Stufen zu urteilen, offenbar oft aufgesucht haben. Und wovor stehen wir? Vor einem Amtsgebäude? Vor einem öffentlichen Platz? In einem Kultraum? Nein, wir stehen vor einer 32 Meter langen öffentlichen Bedürfnisanstalt. Eine lange Sitzbank über einem Wasserkanal, auf deren Löcher sich mehr als zwei Dutzend Leute nebeneinander hocken und in den darunter fließenden Bach erleichtern konnten. Beim Militär hieß so was früher Donnerbalken.

Vor der Sitzbank eine Rinne mit fließendem Wasser, in das man einen Schwamm am Holzstiel eintauchen, mit dem man sich wiederum hinterher und hinterrücks reinigen konnte. Frage mich keiner wie, und ob da nur Männer, oder ob da vielleicht eine Trennwand, oder auch gar nichts, und wie eisig das im Winter ... – was wissen

Ein Ort, Geschäfte jeder
Art zu erledigen

wir schon von den Römern? Merke jedenfalls: »Naturalia non sunt turpia«
– das Natürliche ist keine Schande.

Ich freilich ziehe das öffentliche
Klo im italienischen Ostia oder im
griechischen Philippi vor. Dort ist sogar die Sitzfläche aus Marmor, das Klima besser und die Sitzreihe rundherum an den vier Wänden entlang, was
die Unterhaltung erleichtert. Es müssen ja nicht gleich die ganz großen
sein, wie im alten Rom, wo bis zu
80 Besucher unter dem Segen der
Schutzgöttin Venus cloacina nebeneinander Platz fanden, während die
ganz Eilig-Geplagten mit den necessa-
riae vorlieb nehmen konnten, um die
Hauswände zu schonen. (Allerdings,
das Reihenklo in Hechingen-Stein ist
auch nicht schlecht und hat seine Me-
riten; liegt auch hübsch angesichts des
Hohenzollern; ist möglicherweise aber
nicht ganz authentisch.)

Authentisch hingegen sind die Aus-
stellungsstücke im Rottenburger Museum. Gegenüber der Prachtslatrine
ist ein Teil eines Bades freigelegt, da

sind Vitrinen mit Gegenständen aus
dem täglichen Leben und verschieden-
ster Berufe, da gibt's Götterbilder und
Schautafeln. Das Ganze pädagogisch
gut und modern aufbereitet, dass auch
Kinder etwas davon haben. Draußen
vor dem Museum ein langer Grün-
streifen mit dem Lapidarium, also
steinernen Zeugen der Vergangenheit.
Weihetafeln, Figuren, Götter und eine
zusammengeflickte Jupitergigantensäule sind zu sehen – auch das liebevoll erklärt und geschmackvoll zu-
sammengestellt.

Nicht weit entfernt davon, auf dem
Marktplatz, bemühen sich in Eiscafés
und Restaurants Italiener um möglicherweise Römer-geschwächte Touristen. Ein Blick in den von 2001 bis
2003 renovierten Mini-Dom lohnt
sich: Noch nie hat man eine alte goti-

Das Lapidarium vor dem
Sumelocenna-Museum

Der Römerpark von Köngen: links oben das Museum, links unten der Eckturm

sche Kirche so radikal auf modern gestylt gesehen. Ein römisches Bad unter dem Eugen-Bolz-Gymnasium lohnt sich dagegen nicht – das gibt es anderswo besser, einfacher und freundlicher.

Römisches Stadtmuseum: Auch wenn die amtliche Adresse »Am Stadtgraben, 72101 Rottenburg am Neckar« lautet – der Zugang ist unter dem Parkhaus in der Sprollstraße und von dort aus auf der Rückseite leicht zu erreichen. Öffnungszeiten: Di bis Fr 10 bis 12 und 14 bis 16.30 Uhr, Sa, So und Feiertag 10 bis 16.30 Uhr, Mo geschlossen. Telefon (0 74 72) 16 53 51 und 16 53 71. Führungen nach Vereinbarung.

Der Schlüssel zur Besichtigung des Badgebäudes unter dem Eugen-Bolz-Gymnasium in der Mechthildstraße ist im Schulsekretariat erhältlich, am Wochenende an der Museumskasse.

Köngen und der Römerpark

Das hätten sich die alten Römer auch nicht träumen lassen, dass man ausgerechnet ihre Kaserne in Grinario fast genau 1900 Jahre später als den »Römerpark in Köngen« anpreisen würde, mit einem eindrucksvollen Nachbau eines Eckturmes als Kulisse, steinernen Götterbildern auf dem gepflegten Rasen davor, Schautafeln und einem veritablen Museum am Rand, sodass man sich bildend ergehen kann. Denn alles ist echt: Der »Park« ist praktisch das Kastell, eine Fläche etwa 160 mal 150 Meter im Geviert groß und frei zugänglich. Was fehlt, sind die Gebäude. Die »Kommandantur« in der Mitte, die Baracken der Soldaten rundum, die Versorgungsbauten und das Bad. Aber wenn schon die Mauern fehlen: Steinbahnen im Gras geben die Grundrisse wieder, Tafeln erklären alles genau.

Ein Blick in die Ausstellung im Römerpark Köngen

Nur eines erklären sie nicht: Dass nämlich die Bezeichnung »Römerpark« für das Kastell ziemlich genau die alte lateinische Bedeutung trifft. Denn die Fläche, auf der ein römisches Kastell steht, leitet sich von dem Wort für Garten, hortus, ab. Danach hießen derartige umgrenzte Höfe oder Gehege cohors (Mehrzahl: cohortes). Deren Bewohner sind dann folglich die »Kohorten« – so einfach ist das. Im Mittelalter wurde übrigens im Italienischen corte daraus, der Fürstenhof, dem als Höfling der cortigiano angehörte und die cortigiana, die Hofdame, die dann zur Lebedame verkam. So jedenfalls sind Kurtisanen und Kohorten sprachlich miteinander verwandt.

Aber nun zum »Park«. Er lohnt schon allein wegen seiner Skulpturen, seiner beiden Jupitergigantensäulen und des restaurierten Mauerstückes einen Besuch. Auch wenn es keine Originale sind und sie nicht aus Köngen stammen, sondern Duplikate aus dem Ländle sind – der geruhsame Blick in eine dahinschwingende Landschaft, der stille Park und die rührend-harmlosen Kunstwerke dazwischen, Epona auf dem Pferd, der trauernde Jüngling vom Cannstatter Friedhof, die Statue eines Merkur mit deutlich keltischen Zügen, Weiherreliefs und die Nachbildung zweier Jupitergigantensäulen, die eine auf so niedrigem Sockel, dass man den Giganten und seine Flossenfüße gut erkennt, die andere so groß und üppig, dass man an ihr den gesamten Aufbau verfolgen kann –, das alles hat etwas Unbeschwert-Unterhaltendes an sich.

Das kleine Museum ist, wie auch der Park, didaktisch gut aufbereitet und zeigt nicht nur die verschiedensten Funde, wie Schreibtafeln, Spangen, Lampen, Schmuck und Keramik, sondern ordnet sie auch ein und veranschaulicht, was man damit machen kann. Ein rekonstruiertes Mithrasrelief und Teile von Götterbildern ergänzen die Schau.

Der Weg zum Römerpark Köngen ist im Ort von der Bundesstraße B 313 an ausgeschildert, führt über einen Kreisverkehr mit Jupitergigantensäule bergauf in ein modernes Wohnviertel bis zum Park mit einem kleinen Parkplatz davor. Der Römerpark befindet sich in der Ring-, Ecke Kastellstraße in 73257 Köngen. Der Park ist durchgehend und ganzjährig geöffnet, das Museum im Parkgelände von April bis Ende Oktober. Öffnungszeiten des Museums: Di, Mi, Do 9.30 bis 12 und 14 bis 16.30 Uhr, Sa 14 bis 16.30 Uhr, So und Feiertag 11 bis 17 Uhr, Mo und Fr geschlossen. Bei Gruppen ab zehn Personen können Termine außerhalb dieser Zeiten vereinbart werden. Telefon (0 70 24) 858 02, E-Mail: kultur@koengen.de, Internet: www.Koengen.de

Der Eckturm des Kastells

Hechingen-Stein und die Zeitreise zu Asterix

So kann's gehen, wenn ein Bürgermeister höchstselbst auf der Suche nach einem mittelalterlichen Weiler im Wald herumstochert, stattdessen auf einen römischen Gutshof stößt, ihn binnen weniger Jahre ausgraben, restaurieren und als modernes Museum ausbauen lässt. Ja, dann darf er sich nicht wundern, wenn alljährlich bis zu 40 000 Besucher kommen, man ihm gerührt das Bundesverdienstkreuz um den Hals hängt und ihn zum Direktor des Freilichtmuseums macht. Kein Wunder auch, dass er heute noch durch die Wälder läuft und Mauerreste sucht, und wenn's mit der Wünschelrute ist.

Oder nüchtern aufgezählt: 1972 stieß der Bürgermeister der Gemeinde Stein, Gerd Schollian, auf die ersten römischen Spuren. Nach weiteren Untersuchungen fing man 1978 an, das Waldgebiet großflächig auszugraben, vier Jahre später wurde die Anlage fürs Publikum geöffnet, doch fertig war man noch lange nicht. Die feierliche Eröffnung des »Römischen Freilichtmuseums Hechingen-Stein« fand schließlich 1991 statt, auch wenn nebenbei die Ausgrabungen weitergehen.

Was daraus geworden ist, ist eine Gaudi für Jung und Alt. Das aber nicht nur, weil einen schon rechtzeitig vor dem Parkplatz Asterix und Obelix mit einem zünftigen »SALVE« begrüßen. Auch nicht, weil dann oben ganze Schulklassen im Steinmörser Mehl

Eine imponierende Anlage – der Wohnbezirk der villa rustica in Hechingen-Stein

mahlen und Fladenbrot backen oder wie die alten Römer auf riesigen Dachziegeln Mühle und anderes Tricktrackzeug spielen können. Hier sieht man im teilweise rekonstruierten Haupthaus endlich mal genau, wie die alten Bartschlüssel funktionierten, die feierlich in den Vitrinen ausgestellt sind. Und man kann sie selbst ausprobieren. Es ist alles da: das römische Wohnzimmer mit den Liegen rundum und den merkwürdigen Wandmalereien, das Esszimmer und die römische Küche mit dem Knoblauch an der Wand; die Wachstafeln, auf die die alten Römer schrieben, natürlich auch der Schreibstift dazu, der stilus, mit dem jeder halt

seinen Stil schrieb; ebenso die Bronzelöffel, die Tonschüsseln, die Krüge, Leuchter und Schmucksachen. Kurz gesagt, einfach alles, was einem die Römer so bieten.

Vor allem: Hier steht ein ganzer Bauernhof, ein Paradestück mit Herrenhaus und zwei Bädern, mit dabei der Tempelbezirk, ein Mühlengebäude. Teile dieser Gebäude sind komplett rekonstruiert oder aber kniehoch im Originalzustand belassen, aber gut beschriftet und erklärt. So begreift es wirklich jeder, wie das mit der Unterbodenheizung, dem Hypokaustum, funktioniert. Ach, und hinten am neuen Bad das vergnügliche römische Reihenklo mit Wasserspülung darun-

In der Villa: Wohn-, Ess- und Küchenraum in einem

ter und der Wasserrinne vor den Füßen. Rottenburg lässt grüßen.

Auch hier: Alles authentisch, aber mit Spaß am Vergnügen. Drüben im Gutshaus erkennt man das moderne Herrenklo an einem Römer in der Toga. Im antiken Reihenklo hat man nach altem Vorbild sogar Sprüche an die Wände gemalt. Lateinisch natürlich, ganz wie in Pompeji, wo man Derartiges unbeschädigt aus der Asche ausgegraben hat. Einen bestimmten Spruch aus Pompeji habe ich allerdings hier vermisst. Wenn man aber sitzt und so hinübersieht ins halbwegs Preußische und auf das Türmchengezack der Hohenzollernburg, da könnte einem schon der alte Spruch einfallen:

»Hic bene cacavi.« (hic heißt »hier«, den Rest braucht man nicht zu übersetzen. Er heißt lautmalerisch auch in der lateinischen Perfektform Einzahl genau das, was Sie befürchten.)

Was gibt es noch? Es gibt die obligate Jupitergigantensäule, es gibt eine kurze Filmschau, es gibt sonn- und feiertags stündlich eine Führung, die im Eintrittspreis inbegriffen ist (wochentags nur nach Voranmeldung), es gibt am Eingang eine Gelegenheit, sich hinzusetzen und seine »Essdurft« mit Bockwürstchen, Kuchen, Eis oder Getränken zu verrichten. Kurzum: Das Römische Freilichtmuseum in Hechingen-Stein ist ein Vergnügen und ein Muss. Im Grunde sollte man überhaupt hier oder auch im Aalener Freilichtmuseum anfangen, denn mit den Vorstellungen und Erkenntnissen, die man hier gewinnt, kann man selbst diejenigen Ausgrabungen beleben, die dem Besucher nur steinerne Grundrisse bieten.

Anfahrt über die Autobahn A 81, Anschlussstelle Empfingen, dann weiter über Haigerloch und Rangendingen Richtung Hechingen oder per Bundesstraße B 27 von Stuttgart/Tübingen bis kurz vor Hechingen. Die Anlage ist ausgeschildert. Römisches Freilichtmuseum Hechingen-Stein, 72379 Hechingen-Stein, Telefon (0 74 71) 64 00, (in den Wintermonaten (0 74 71) 62 21 56 oder 36 14, Internet: www.villa-rustica. de. Geöffnet: 1. April bis 1. November Di bis So 10 bis 17 Uhr, montags geschlossen. Führungen: sonn- und feiertags stündlich, im Preis inbegriffen, werktags nur nach Voranmeldung. Gasthof im Ort.

Noch einmal für sich: der rekonstruierte Teil des Freilichtmuseums

Nürtingen-Oberensingen und der kaputte Charme

Der Bau neuer Wohnsiedlungen hat der Archäologie oft genauso viel geschadet wie genutzt. Nach dem Zweiten Weltkrieg, als man daranging, anstelle der Trümmer neuen Wohnraum zu schaffen, hatte man anderes im Sinn, als alte Mauern und Funde zu konservieren, die man beim Ausschachten fand. Man machte bestenfalls Notgrabungen und hielt in Zeichnungen und Berichten fest, was man gefunden hatte, aber man rettete es nicht.

Umgekehrt sind zahlreiche Altertümer nur deswegen entdeckt und gerettet worden, weil man bei Erschließungsarbeiten auf sie stieß und sie bewahren konnte, indem man die Bebauungspläne änderte. Ein solches Beispiel ist der Fund des römischen Gutshofes von Nürtingen-Oberensingen. Als man im Jahr 1988 das Baugebiet »In den Seelen« am Galgenberg erschloss, stieß man auf eine villa rustica. Dem Einsatz engagierter Bürger ist es zu verdanken, dass wir an dieser Stelle alte Mauern sehen und keinen schmucken Neubau wie rundum.

Da steht sie nun also, etwas unbequem am Steilhang, eine alte römische Villa inmitten moderner Villen, und kokettiert etwas mit ihrem kaputten Charme, ihren dicken Mauern und schiefen Wänden, gerade eben so einen Meter über dem Boden, darüber der Himmel.

Es ist ein merkwürdiger Bau, so gar nicht nach Schema. Am besten, wir stellen uns oben hin, vergessen die wenig hilfreichen Erklärtafeln und sehen selbst auf die Villa hinunter. Das Besondere: Dieser Hof hat zwei Bäder, auf jeder Seite eins. Das schmale rechts, erkennbar an den Wasserdurchlässen in den Mauern, ist das ältere. Es liegt, wie es sich gehört, nach Süden zu, um die Sonnenwärme auszunutzen. Warum aber sind dann im Süden zwei quadratische Gebäude davor gebaut, die das Bad einklemmen? Angeblich soll das größere Quadrat rechts außen das älteste Gebäude sein. Man kann das bezweifeln. Es hat keinerlei Zwischenmauern für Räume, aber dafür eine Feuerstelle in der Mitte, war also vielleicht Küche oder Wirtschaftsraum, jedenfalls kein Wohnhaus. Das Wohnhaus wäre dann nachträglich links vom kleinen Bad angebaut worden. Und seltsam: Es besteht nur aus zwei Räumen und einem großen Hof. Wer soll da gewohnt haben? Man muss nur mal an Großsachsen mit seinen endlosen Räumen zurückdenken.

Und dann an der kalten Nordseite noch ein zweites Bad anbauen, auch wenn es bequem von der Hangseite her zu heizen war ... Irgendetwas stimmt da nicht. Warum überhaupt eine villa rustica auf diesem »siedlungsungünstigen Gelände«, wie es so schön heißt? Der steile Hang ist für ertragreichen Ackerbau recht wenig geeignet. War das hier vielleicht ein Betrieb für Rinder-, Schweine- oder Pferdezucht? Aber auch dann: Wo und wie wohnte man? Wie in Rosenfeld erkennen wir auch hier nicht, welche Gebäude sonst noch

Luftaufnahme während der Grabung in Oberensingen

auf dem inzwischen überbauten Gelände gestanden und zur Villa gehört haben. Auch in Rosenfeld war einiges unkonventionell konstruiert.

Warum also hier diese Tüftelei? Weil wir nicht vergessen sollten, dass alle Erkenntnisse der Archäologie nur Rekonstruktionen, Analogien und Deutungen sind, oft abhängig vom Zeitgeist und dem so genannten »Erwartungshorizont«. Vielleicht war dies oder jenes Detail ganz anders, vielleicht ist schon der Ansatz falsch. Nur ein Beispiel: Da hat man im Rotwildpark bei Stuttgart 1921 ein »Römisches Haus« ausgegraben. Jahrzehntelang galten die Mauerreste als »Viehstall mit Hirtenwohnung«, sozusagen als Außenstelle eines römischen Gutshofes, von wo das Vieh in den Wald getrieben und mit Eicheln gemästet wurde. 1976 entdeckte man jedoch bei Ausgrabungen, dass es sich um einen gallo-römischen Umgangstempel handelte, einen Nachfahren der alten keltischen Viereckschanzen. Wer weiß, was man nächstens herausfindet.

An dieser Stelle betritt man vom Parkplatz aus die Anlage.

Nach 223 wurde der Hof in Oberensingen durch Brand zerstört, aber nicht aufgegeben. Aus dieser Zeit stammen offenbar die Anlagen im offenen Innenhof: in den Hangecken je eine Darre, kenntlich an den Stempeln der Heizung, dazwischen eine Herdstelle.

Und nun lohnt sich das Herumgehen, das Von-Nahem-Besehen: Durch die Räume laufen und sich vorstellen, dass hier einmal Menschen gewohnt und gearbeitet haben wie in Hechingen-Stein. Um das Haus herumlaufen und das Besondere sehen. Die Badheizung vielleicht, die durch die Hanglage von außen her zugänglich ist oder den Rest der umgefallenen Mauer, die irgendwann einmal ins Tal gerutscht ist.

Anfahrt zum Gutshof von Nürtingen-Oberensingen: Von der Autobahn A 8, Ausfahrt Wendlingen, auf der Bundesstraße 313 Richtung Nürtingen. Bei Nürtingen rechts nach Oberensingen zur Friedrich-Glück-Straße und der Beschilderung (braunes Schild) bergauf in die Wohnsiedlung folgen. Dort befindet sich auch ein Parkplatz. Die villa rustica ist immer zugänglich. Führungen durch den Gutshof möglich: Anmeldung bei Erwin Beck, Telefon (0 70 22) 413 08, oder Dieter Metzger, Telefon (0 70 22) 378 76. Die Funde aus diesem Gut sind im Stadtmuseum Nürtingen, Wörthstraße 1, zu besichtigen. (Kein »Muss«!) Öffnungszeiten: Di, Mi und Sa 14.30 bis 17 Uhr, So 14.30 bis 18 Uhr. Telefon (0 70 22) 3 63 34.

Der »Römische Weinkeller« in Oberriexingen –
so muss man sich ein antikes Souterrain vorstellen.

Oberriexingen und der Römische Weinkeller

Vorsicht: Der Römische Weinkeller in Oberriexingen ist alles andere als ein römischer Weinkeller in Oberriexingen. Auch wenn er so heißt und in älteren Büchern so beschrieben wird. Er ist ein kleines Museum für römische Landwirtschaft, auch wenn römische Weinamphoren an den Wänden lang stehen. Wie hat man damals Felder bestellt, wie sahen die Pflüge aus, was hat man angebaut, wie hat man Korn gemahlen, wie Brot gebacken – hier gibt's die Antworten.

In Wort, Bild und nachgebauten Gegenständen wie Kornmühlen und Pflügen wird auf kleinem Raum »Römisches Er-Leben« geboten. Zu sehen sind archäologische Funde aus Oberriexingen und anderen Gutshöfen, die das Leben und Arbeiten auf einem Hof zur Römerzeit dokumentieren. Hier steht ein originalgetreu nachgebauter römischer Hakenpflug, dort eine funktionierende Getreidemühle – nicht hinter Glas, sondern zum Anfassen.

Dabei war das mit dem Wein gar nicht so falsch. Als man 1958 das Gelände für die Bebauung vorbereitete, stieß man auf eine große villa rustica,

40 Meter lang und 25 breit. Aber das Unglück war schon geschehen. Nachdem der Bagger bereits einen Großteil der Mauern der villa rustica herausgerissen und ruiniert hatte, sodass man heute den Grundriss nur noch auf Papier ansehen kann, gelang es in letzter Minute, wenigstens den Keller zu retten. Dieser lag unter dem Säulengang zwischen den Risaliten. Man hielt ihn für einen Weinkeller, zumal sich darin noch aus Römertagen ein Steintisch befand. Aber auch diese Rettung war nicht so einfach. Der künftige Häuslesbesitzer stellte sich quer. Das rief den Bürgermeister von Oberriexingen auf den Plan. Kurzerhand kaufte er das Grundstück, baute selber sein Häuschen drauf und stellte den römischen Keller, der nun sein Keller war, dem Württembergischen Landesmuseum als Museum zur Verfügung. So also macht man das, ein Hoch auf Bürgermeister Geiger selig.

In dem knapp sieben Meter langen Kellerstück des Bürgermeisters wurde damals tatsächlich ein kleines römisches Weinmuseum eingerichtet. Insofern ist mit dem Namen alles in Ordnung. Als man jedoch den Keller 1993 renovierte, wandelte man ihn in eine Art Bauernmuseum der praktischen Art um. Nicht der einzelne Besucher, wohl aber angemeldete Gruppen wie Schulklassen können hier, wenn sie zuvor das Mehl gemahlen haben, sogar ihr Brot selber backen und an dem alten Steintisch essen. Übrigens: Der Kenner sagt dann nicht »Mahlzeit!«, sondern wie schon Kaiser Augustus oder Nero »Bene tibi sit« – auf dein Wohl!

Der hungernde Zeitgenosse kann inzwischen das alte Mauerwerk studieren mit seinen Nischen und Fenstern oder den Brandspuren ganz unten am Sockel. Selbst Mörtel, hierzulande Speis geheißen, verleitet zur Andacht. Er soll deswegen so gut halten, weil ihn die alten Römer mit Hühnereiweiß und Ziegenquark gemischt verarbeitet haben.

Draußen, ein Stück hin, steht zum Abschied eine Jupitergigantensäule am Straßenrand. Natürlich kein Original, aber sonst der Walheimer Gigantensäule zum Verwechseln ähnlich. Das scheint hier Mode. In Benningen, der nächsten Station, sehen wir sie gleich wieder.

Der »Römische Weinkeller« ist an den Ortseingängen angezeigt. Im Ort: Wer von der Bundesstraße B 10 und Enzweihingen kommt, wird an einer Querstraße per braunem Schild nach links eingewiesen. Wer von Bietigheim-Bissingen/Sachsenheim her kommt, sieht dieses Schild nicht. Als Orientierung dient, noch vorm Ortskern, das Post-Logo mit dem schwarzen Horn auf der rechten Seite. Dort einbiegen, ab hier ist der »Weinkeller« ausgeschildert. Das Privathaus, unter dem sich der Keller befindet, ist schon von Ferne an einer römischen Amphore auf dem Zaunsockel kenntlich. Die Adresse: Weilerstraße 14. Geöffnet: sonntags 14 bis 17 Uhr. Eintritt: Spende erwünscht. Sondertermine und Führungen (gegen Honorar) muss man im Bürgermeisteramt Oberriexingen anmelden: Telefon (0 70 42) 9 09 20.

Benningen
und das Stuttgarter Lusthaus

Das Städtchen Marbach am Neckar ahnte noch nichts von seinem berühmten Schiller, als im Jahr 1583 der 40-jährige Marbacher Präzeptor (zu Deutsch: Lehrer) Simon Studion mehrere im Nachbarort Benningen und in seiner Umgebung gefundene Steine mit lateinischen Inschriften und römischen Bildwerken auf zwei Wagen an Herzog Ludwig nach Stuttgart schickte. Der hob die Kuriositäten zum Glück im neu erbauten Lusthaus auf: Sie wurden zum Grundstock des heutigen römischen Lapidariums des Württembergischen Landesmuseums.

Zehn Jahre später überredete Präzeptor Studion den Nachfolger Ludwigs, Herzog Friedrich, der gerade zur Kur in Marbach war, auf der Burgruine von Benningen nach weiteren Steinen zu graben. Auch das war, wie beim Lapidarium, eine Art Initialzündung: Es war die erste archäologische Grabung in Württemberg überhaupt. Nur dass man gar nicht begriffen hatte, was man da ausgrub: ein römisches Kastell nämlich. Das aber merkte man erst dreihundert Jahre später, woraufhin man dann 1898 erneut nachgrub und die 134 mal 162 Meter große Militäranlage freilegte. (Heute überbaut und verschwunden.) Die 24. Kohorte freiwilliger römischer Bürger, die vorher in Heidelberg-Neuenheim gelegen hatte, hatte sie hier etwa in den Jahren 85 bis 90 nach Christus zwischen den Kastellen Walheim und Cannstatt errichtet.

Genauer: Benningen lag zur Zeit des Neckarlimes auf der Grenzstraße des Römischen Reiches und war durch eben diese Straße mit Cannstatt verbunden. Das ist die Stelle, wo der Limespilger freudig erschauert: Am Rathaus ist ein Stück eben dieser Straße konserviert. Es ist nicht viel, was man da sieht, aber dafür authentisch; nicht schön, aber echt. Was man sieht, ist der Schotter aus groben Steinen, auf

Benningen: alte Römerstraße und modernes Rathaus friedlich nebeneinander

dem einmal der Belag war. Selbst die römische Straße in Friesenheim macht da mehr her. Aber wir sind ja gar nicht undankbar, auch wenn der Erlebniswert relativ gering ist. Es ist schließlich das einzige Stück römischer Straße, das wir in Württemberg haben.

Dafür sind auf der Wiese rund um das Rathaus und im Heimatmuseum im alten Benninger Rathaus römische Funde zu bestaunen, zum Beispiel eine Kopie der Walheimer Jupitergigantensäule. Um 150 nach Christus wurde die Kohorte von Benningen nach Murrhardt an den neuen vorderen Limes verlegt, hundert Jahre später siedelten sich hier die Sueben an. Einer der Sippenführer hieß Bun(n)o – von ihm hat der Ort Bunninga seinen Namen. Aber auch schon unter römischer Besatzung gab es hier nach gut schwäbischer Sitte Vereine: einen Fremdenverein, einen Verein der Nekkarschiffer und der vicani Murrensis, der Dorfbewohner an der unteren Murr. Was will man mehr.

Auch unabhängig von Römern und Kastell bleibt Benningen der Antike verbunden: Hier wurde 1796 der Begründer der Realenzyklopädie der klassischen Altertumswissenschaft geboren, nach dem heute noch der berühmte »Kleine Pauly« genannt ist, das Nachschlagewerk für die klassische Antike – August Friedrich Pauly.

Das Rathaus befindet sich auf der Höhe bei den S-Bahn-Gleisen. Wer also vom Neckar her kommt: Bergauf marschieren und vor der Brücke links einbiegen.

Walheim und der antike Handelshof

Gesetzt den Fall, wir könnten wie einst die Legionäre von Benningen aus auf der Römerstraße nach Nordwesten marschieren, dann kämen wir an die Stelle, wo die Enz in den Neckar mündet. Und genau dort stand einst das nächste, das benachbarte Kohortenkastell. Natürlich ist das Kastell nicht mehr da. Aber wenn man sich heute in dem Städtchen Walheim auf die Kreuzung von Hauptstraße und Bahnhof-/Neckarstraße stellt, steht man genau im Zentrum des Kastells. Und was es sonst nie gibt: Geht man jede dieser Straßen nach außen, käme man jedes Mal durch eines der vier Kastelltore – wenn es noch da wäre.

Noch fast vollständig erhalten sind die Pfeilerchen der Walheimer Heizanlage

Walheim ist die einzige Stadt, die auf einem Kastell entstanden ist und bis heute die Straßenkreuzung des Lagers und damit achtzehnhundert Jahre

Erhalten ist auch der Keller samt Steintisch und links oben
der lange Flur mit dem Sandsteinplatten-Belag.

lang auch die »Wohnviertel« des Kastells beibehalten hat. Das Rathaus im
Norden und die Stephanuskirche im
Südosten sind gerade noch innerhalb
des Kastells gebaut. Selbst die via principalis des Lagers heißt heute noch
Hauptstraße. Das alles wusste man bis
1886 nicht, als die ersten Ausgrabungen begannen, die 1986 vorläufig im
Auffinden und Konservieren des Römerhaus gipfelten. Und das wollen wir
uns hier ansehen.

Es liegt auf dem Gebiet des Lager-
dorfes, das das Kastell einst umgab, ist
etwa 40 Meter lang und 14 breit, besteht aus Stein und ist ungewöhnlich
gut erhalten. Ungewöhnlich und bislang einmalig ist auch das Haus selbst.
Es ist kein Wohnhaus und kein Bau-

ernhof, wie man sie anderswo zu Hunderten ausgegraben hat, sondern ein
veritabler Handelshof mit großem Ver-
kaufsraum und Lagerplatz am Eingang. Dazu ein Raum für die Waagen,
eine kleine Garküche und dergleichen
Dinge mehr, die Archäologen aus Klei-
nigkeiten wie abgenutzten Türschwel-
len und Ähnlichem zu erkennen glauben.

Unsereinem fallen ganz andere Sachen ins Auge: Verblüffend der runde
Steintisch im Keller, vor allem aber
der lange Flur mit der Wasserrinne.
Hier liegen noch die Sandsteinplatten
nebeneinander wie vor 1800 Jahren,
man könnte darüber laufen, wenn's
erlaubt und nicht so holprig wäre.
Oder der Raum mit den fast vollzählig

erhalten Sandsteinpfeilerchen der Fußbodenheizung. Selbst noch die Ritzlinien im Boden, nach denen die Pfeiler aufgestellt wurden, sind erkennbar. Und damit man nicht nur Steine sieht, hat man den »Handelsplatz«, also die andere Hälfte des Hauses, zu einem kleinen munteren Museum umgebaut. Eine römische Modenschau, Schautafeln und besondere Fundstücke beleben das Ganze.

Das kostbarste Fundstück freilich steht draußen vorm Eingang: die erst 1968 gefundene Jupitergigantensäule von Walheim, deren Kopie wir gerade erst in Benningen gesehen haben. Doch welch Schande, auch das, was hier vor dem Museum steht, ist eine Kopie. Das Original der Walheimer Jupitergigantensäule steht nicht in Walheim, sondern in Aalen. Geduld, wir kommen noch hin.

Vorerst bleiben wir in der Gegend und fahren den Neckar entlang nach Lauffen. Dort biegen wir von der Bundesstraße B 27 nach Ilsfeld ab, um uns auf einem römischen Bauernhof zwischen Weinbergen in jene Zeiten zurückzuträumen, als selbst die Römer ihr Viertele nicht aus Römern tranken.

Das »Museum Römerhaus« ist ausgeschildert. Adresse: Römerstraße 16. Parkplätze am Schutzbau. Informationen: Telefon (0 71 43) 80 41-0. Öffnungszeiten: April bis Oktober Sa 14 bis 18 Uhr und sonn- und feiertags 10 bis 18 Uhr. Gruppenführungen außerhalb dieser Zeiten nach Voranmeldung unter (0 71 43) 80 41-11 (Rathaus).

Lauffen und die römischen Wengerter

Das ist was für den goldenen Herbst, für Altweibersommer und Viertelesschlotzer. Hier vom Parkplatz aus, extra für die Besucher der villa rustica gebaut, den Weg zwischen den Rebstöcken hinabzuschlendern, den Neckar vor sich und links und rechts die satten, blauen Trauben. Um nicht in den Verdacht der Schleichwerbung zu geraten, sollen in diesem Zusammenhang die Worte Schwarzriesling oder gar Katzenbeißer ungenannt bleiben. Kurzum, hier also, in den Gewannen »Brunnenäcker« und »Nonnenberg«, wo die ganze Zeit über dumpfe Böllerschüsse die armen, hungrigen Vögel irritieren, hat man 1978 einen Gutshof ausgegraben, in dem vor 1800 Jahren offenbar auch schon Weinbauern gesessen haben, denn warum hätte man hier sonst römische Rebmesser gefunden.

Da man von oben her kommt, hat man wie von einem Feldherrnhügel aus gleich von Anfang an einen guten Überblick über den Hof, wobei Texttafeln und ein plastisches Modell zusätzlich begreifen helfen. Es sind auf einem fast hektargroßen Gelände vier Gebäude, umgeben von einer Mauer, die ursprünglich einmal über 2,5 Meter hoch war. Zuunterst auf dem Grundstück, sichtbarlich auf eine Felsnase gebaut, das älteste Gebäude, eine Art Weinberghäuschen. Es wurde später ganz oben am Hang durch eine richtige Villa ersetzt, links und rechts vom Portal mit den obligaten Vorbau-

Der fast einen Hektar große ummauerte Lauffener Gutshof: links das älteste Haus, rechts die große Villa und dazwischen zwei Wirtschaftsgebäude

ten, den Risaliten, mit Bad und, so vornehm waren sie schon, mit Klo. Dazwischen zwei Wirtschaftsgebäude. Von dem einen träumen die Archäologen wegen der gefundenen Rebmesser gern von einem Kelterhaus, ohne dafür sonst einen Beweis zu haben. Jedenfalls werden Landwirtschaft und Viehzucht wohl das Hauptgeschäft gewesen sein.

Hat man den Überblick, kann man durch das Gelände streifen und die eigenen Kenntnisse prüfen: Wo sind die

Kanäle, die dem Klo das Wasser zuleiten, wo fließt es hin, aus was für Räumen besteht das Bad, wie sind die Wände gebaut, wo ist noch Putz dran, was für Zimmer gibt es? Lediglich die Erklärtafeln sind ein Ärgernis. Wie in Tengen-Büßlingen mit dem begehbaren Grundriss sind sie seitenverkehrt und zeigen die Gebäude nicht so, wie man sie tatsächlich sieht. Dass doch die Herren Haupt-, Ober- und einfache Konservatoren immer alles selber machen müssen, anstatt die Erklärungen pädagogisch versierteren Leuten zu überlassen, die sich normalerweise in den simplen Laienverstand hineinversetzen können.

Da setzt man sich doch lieber einfach unter einen Baum und guckt zufrieden in die Landschaft. Der Neckar da unten, da drüben die Türme von Lauffen, rundum die Winzer bei der Lese, und immer diese Böllerschüsse. Wenn ich Vogel wäre, hätte ich mich längst daran gewöhnt. Alles in allem: eine villa rustica der gedeihlichen Art, gut erhalten, liebevoll restauriert und für die Ewigkeit gerettet, ein herrlicher Picknickplatz und kein Mensch. Am Parkplatz steht dann einsam unser Auto zwischen 24 leeren Plätzen und zwei verlassenen Busspuren.

In Lauffen am Neckar gibt es keinerlei Hinweis auf den römischen Gutshof, auch nicht am entscheidenden Kreisverkehr. Von Lauffen aus ist die Villa zu erreichen, wenn man vom Kreisel in Richtung Ilsfeld abbiegt. Nach anderthalb Kilometern ist rechts ein Schild »römischer Gutshof«, gleich danach, rechts in den Weinbergen, befindet sich ein großer Parkplatz extra für Besucher der villa rustica. Von dort aus geht's ausgeschildert etwa 300 Meter zwischen Weinbergen zu Fuß talwärts. Dort sind auch Rastplätze, Schatten und ein Spielplatz für Kinder. Die Funde vom Gutshof sind im Heimatmuseum der Stadt Lauffen, im Klosterhof an der Nordheimer Straße, Sa und So 14 bis 17 Uhr zu besichtigen. Museumsleitung erreichbar unter Telefon (0 71 33) 58 65.

Güglingen und der Gott in der Spelunke

Die Anlage von neuen Gewerbegebieten scheint sich erneut als gute Methode zu entpuppen, um originelle Funde zum Thema »Römer in Baden-Württemberg« zu machen. Wir erinnern uns: Kaum begann man in Oberndorf am Neckar vor der Stadt eine Wiese zu planieren, stieß man auf eine umgefallene römische Mauer – eine kleine Sensation, denn so etwas hatte man bisher noch nie gefunden. Kaum begann man 1999 in Güglingen im Zabergäu, für Feuerwehr und Industrie im Gewerbegebiet »Ochsenwiesen« Platz zu schaffen, entdeckte man gleich zwei Kultstätten für den Gott Mithras, so genannte Mithräen. Auch das eine kleine Sensation, denn schon über nur ein Heiligtum hätte man sich gefreut. Es gibt hunderte von Kastellen, Landgütern und Ansiedlungen, aber bisher nur fünf andere Mithräen in Baden-Württemberg: zwei im Raum Heidelberg und je eins in Mundelsheim, Wiesloch und in Riegel am Kaiserstuhl. (Das ergäbe jetzt also sieben Mithräen, wenn man nicht die traurige Tatsache mitteilen müsste, dass eines dieser Güglinger Heiligtümer inzwischen wieder zugeschüttet und überbaut wurde. Warum, erkläre ich später.)

Also schon das ein Grund, voll Ehrfurcht den Arbeitern zuzusehen, die nach dem »Tag des offenen Denkmals« gerade dabei sind, eine knallgelbe Kulisse abzubauen, die über dem geretteten Mithräum stand und zeigen

Das Güglinger Mithräum mitsamt
gelbem Vorführ-Dach

Was man halt
noch so alles findet ...

sollte, wie das Heiligtum mit seinen kaum 15 Metern Länge und fünf Metern Breite vor 1800 Jahren wahrscheinlich ausgesehen hat. Was uns bleibt, ist der offene Kellerraum, aber nun endlich mal nicht nur ein leeres Viereck wie sonst überall. Hier steht noch, aus Stein gemeißelt, der aus dem Felsen geborene Mithras, hier stehen noch Cautes und Cautopates, seine beiden göttlichen Begleiter. Sie symbolisieren Leben und Tod, das Gute und das Böse. Der eine mit der erhobenen, der andere mit der gesenkten Fackel. Hier stehen noch Kultbilder mit unbekannten Gestalten, Altarsteine und das Abbild einer phrygischen Mütze.

Zum ersten Mal wird für mich hier, wo der kleine Kultraum mit seinen Figuren noch erhalten ist, wirklich lebendig, was ich immer nur gelesen habe. Nämlich, dass die »Gemeinde« des Mithraskultes stets nur aus einer kleinen Gruppe bestand, einem Dutzend vielleicht; dass sie in dem lichtlosen Raum den Gott des Lichtes nach geheimen Riten mit eigenen Illuminationen feierten; dass Mithras, wie auf der kleinen Statue zu sehen, aus einem Felsen

geboren wurde, das heißt, in einer Felsenhöhle wie Zeus auf Kreta oder Jesus in der Grotte unter der Geburtskirche in Bethlehem. Es sei bemerkt: Im Lateinischen hat das Wort spelunca für »Höhle«, »Grotte« noch keinen hämischen Nebenton wie die später ins Deutsche übernommene »Spelunke«.

Aber kaum freut man sich an der Realität des Ansehbaren, geht die Theorie flöten. Der Mithraskult war ja, so liest man, von römischen Soldaten aus dem Orient importiert worden. Er war daher ein Männerkult mit strengen Initiationsriten, war also keine Religion für jedermann, auch wenn seine Licht- und Erlösungslehre zum Teil vom Christentum kopiert und übernommen wurde. Tatsache ist aber, dass es hier in Güglingen weit und breit kein Kastell, keine Römerlager, keinen Limes gab, nichts, was die Existenz eines Mithräums und schon gar nicht zweier Kultgebäude voraussetzte.

Also was nun? Ganz einfach: Man nimmt die nächste Theorie. Nicht nur Soldaten, auch Kaufleute mit ihren Kontakten zum Orient gelten als Importeure des Mithraskultes. So muss man sich also gar nicht wundern, wenn hier im Mithräum neben Mithras auch eine kleine Statue des römischen Hermes gefunden wurde, des Gottes der Kaufleute. (Die Statue ist zu Beginn der Ausgrabungen gestohlen worden. Was wir hier an Figuren sehen, sind, wie üblich, Repliken.)

Haben hier also römische Kaufleute eine Siedlung gegründet oder sich wenigstens hier angesiedelt, obwohl nach der gängigen Theorie die Ortschaften vor allem aus den Lagerstädten der Kastelle, den canabae, hervorgegangen sind? Wer war ihre Kundschaft, womit und mit wem trieben sie Handel? Bevor wir uns in der Forschung im Konjunktiv verlieren, das nächste Problem. Wozu gleich zwei Mithräen, keine 150 Meter auseinander? Theorie A: Es gab halt sehr viele Anhänger, es war ja auch, wie die Ausgrabungen zeigen, eine große Siedlung. Aber deshalb gleich zweimal das Gleiche nebeneinander bauen? Theorie B: Das jetzt wieder zugeschüttete Mithräum ist zu einem späteren Zeitpunkt durch das jetzt erhaltene Mithräum an anderer Stelle ersetzt worden. Warum? Weil, wie die Ausgrabungen und Ausdeutungen nahe legen, beim ersten Mithräum der Baugrund ungünstig war und immer neue Schichten Erde aufgeschüttet werden mussten, um die Feuchtigkeit abzuhalten. Liegt deshalb der erhaltene Kultbau nicht so tief wie andere Keller, die ringsum ausgegraben wurden?

Habe ich nicht immer nur gelesen, dass die absichtlich dunkel gehaltenen Kultstätten in Kellern untergebracht

waren? Was für eine riesige oberirdische Raumkulisse haben denn dann vorhin die Arbeiter mit dem Kran abgebaut? Die Archäologen haben Recht: Links und rechts vom Kultraum sind noch die steinernen Sockel erhalten, auf denen die hölzernen Säulen standen, die das Dach trugen – also (auch) einen oberirdischen Bau. Deutungen sind nur Annahmen. Was also stimmt? Ich schlendere durch das Areal mit seinen freigelegten Kellern und Grabungsflächen, auf denen man an der Verfärbung auch nach 1800 Jahren noch erkennen kann, dass hier eine Holzsäule, dort ein Feuerplatz war. In Heitersheim haben sie, nur flach unter der Erdkrume, ein menschliches Skelett gefunden. Ob auch hier ...? Und schon stehe ich vor einem riesigen Pferdeschädel, der halb aus dem Erdreich ragt, die Wirbelsäule wie eine Schlange dahinter. Was man eben so aus alten Tagen findet – manchmal nicht nur Steine.

Das Grabungsfeld ist nach dem Stand von 2004 noch für einige Zeit nicht für die Allgemeinheit zugänglich. Es liegt in Güglingen (zwischen Lauffen am Neckar und Brackenheim) im entstehenden Gewerbegebiet »Ochsenwiesen«. Man erreicht es, wenn man im Kreisverkehr Richtung Gewerbegebiet ausfährt. Unmittelbar hinter dem Ortsschild, also schon außerhalb Güglingens, liegt die Ausgrabung. Führungen sind möglich. Anmeldung bei Herrn Roland Baumann im Rathaus, Telefon (0 71 35) 1 08 24 oder per E-Mail: roland.baumann@gueglingen.de

Mundelsheim
und das Mithräum

Es ist wie von einem gütigen Pädagogen eingerichtet: Kaum hat man in Güglingen ein frisch ausgegrabenes Mithräum inspiziert und seine Phantasie in Gang gesetzt, bietet sich kaum 15 Kilometer Luftlinie entfernt der gut erhaltene und wohlrestaurierte Rest des nächsten Mithräums, das nun auch die Füße in Gang setzt. Hier kann man wie einst die Kultanhänger den Vorraum betreten, ein Stück tiefer den zweiten Raum und von da wieder drei Stufen tiefer das Heiligtum.

Also denn: Mithräen sind nicht grundsätzlich unter der Erde, sie sind

Mundelsheim: im dreigeteilten Raum vorn das Heiligtum mit den Steinbildern von Sol und Luna

in der Erde, das Heiligtum in einem dunklen Raum vielleicht einen Meter unter Niveau. Wir sehen hier die Stufen, die hinabführen, und die erhöhten Seitenränder im Heiligtum, wo die Anhänger einst saßen. Sonne und Mond sind als Reliefs in den Steinsockel gehauen. Die Sonne, im Lateinischen männlich, durch einen Männerkopf dargestellt, der Mond, im Lateinischen weiblich, so wie »Frau Luna« in der Operette, ist ein Frauenkopf. Sonnenstrahlen und Mondsichel sind durch den Stein durchgehauen, sodass sie von hinten beleuchtet werden können. Mithras, der Gott des Lichts in der Finsternis. Das Mithrasbild mit dem Stier fehlt jedoch.

Erst 1989 hat man dieses Heiligtum gefunden, als man Leitungen für das Gewerbegebiet verlegte. Und da Mithräen nicht allein auf der Wiese stehen, grub man 150 Meter entfernt gleich den nächsten Keller aus – diesmal einen richtigen Keller, den Rest einer villa rustica, gut erhalten, liebevoll restauriert. Das Schild »Römischer Gutshof« ist dabei eine Übertreibung: Die Gebäude zum Keller sucht man noch. Aber dass hier ein größeres Anwesen war, legt schon die Lage nahe. Hier sein Häuschen haben, durch große Fenster den Panoramablick über das Neckartal und die geschwungenen Höhen genießen wie einst die Römer ...

Was uns bleibt: In der Nachmittagssonne auf den Steinen des Mithräums sitzen, den Blick schweifen lassen und sich vorstellen, dass hier vor 1800 Jahren Menschen in ländlichem Frieden gelebt, gearbeitet und die Göt-ter verehrt haben. Längst war der Neckar nicht mehr die Grenze zu den Barbaren. Die Römer hatten sie weiter nach Norden und Osten vorgeschoben. Lorch war nun der Dreh- und Angelpunkt jenes Grenzwalles, den man spontan als den eigentlichen Limes bezeichnet.

So finden Sie hin: Autobahn A 81, Ausfahrt Mundelsheim, Richtung Mundelsheim ausfahren, aber dann nach ein paar hundert Metern nicht links gen Mundelsheim abbiegen, sondern geradeaus weiter Richtung Ottmarsheim bergauf fahren. Am ersten Kreisverkehr auf der Höhe erste Ausfahrt nach rechts Richtung »Ottmarsheimer Höhe« wählen, dann wieder die erste Straße (Carl-Benz-Straße) rechts. Dem Schild »Römischer Gutshof« folgen. Kommt man von der Bundesstraße B 27 her, dann Richtung Autobahn bis zum Kreisel und »Ottmarsheimer Höhe« ausfahren. Der Gutshofkeller liegt am Ende des Gewerbegebietes unter einem Schutzdach.

Zum Mithräum: Vom römischen Keller aus zu Fuß einige Meter bis auf die Höhe, rechts den ersten Weg etwa 150 Meter leicht abwärts nach Südosten. Hinter einer Hecke liegt das Mithräum. Jetzt entdeckt man, dass man vor dem Kreisverkehr und angesichts der Firma »Eisenmann« auch den Feldweg rechts hätte abbiegen können, um von der anderen Seite zum Mithräum zu kommen. Beide Ausgrabungen sind frei zugänglich, erklärende Schautafeln vorhanden.

Erinnerungen an alte Zeiten: der Nachbau des Wachtturms bei Lorch

Der Obergermanische Limes

Lorch
und die Wacht an der Rems

Im Lauf der Zeit hatten die Römer ihr Einflussgebiet von der Donau aus immer weiter nach Norden ausgedehnt, ohne sich durch eine feste Grenzlinie gegen die »Barbaren« zu schützen. Eine solche befestigte Grenze entstand erst in der letzten Phase um 150 nach Christus und es ist diese Grenze, die wir im eigentlichen Sinn »Limes« nennen. Dabei unterscheidet man den »Obergermanischen Limes«, der vom Remstal nordwärts über Wall-

dürn ins Hessische führt, und den »Rätischen Limes«, der von Lorch durchs Remstal über Aalen und Rainau bis ins Bayerische hinein die Provinz Rätien nach Norden abschirmte.

Fangen wir in der Mitte an, am Dreh- und Angelpunkt des Obergermanischen und des Rätischen Limes, heute eher bekannt wegen seines Klosters als wegen der Römer. Lorch also, der südlichste Stützpunkt am Obergermanischen Limes und wichtige Bastion an der römischen Fernstraße von Cannstatt durch das Remstal in die Provinz Rätien.

Vom Kohortenkastell selbst – rund einen Kilometer vom Limes entfernt im Tal – ist seit über tausend Jahren nichts mehr zu sehen. Noch vor Barbarossas Zeiten wurde mitten im Kastell die erste Dorfkirche gebaut, da also, wo heute die Stadtkirche mitten im Friedhof steht. Was man weiß, ist die Lage des Kastells und der Umfassungsmauer, die man 1893 entdeckte und 1895 bei Kanalisationsarbeiten untersuchte.

Wir hätten uns den Weg nach Lorch sparen können, wenn nicht freundliche Menschen inzwischen oben auf der Höhe neben dem Kloster just dort einen Wachtturm errichtet hätten, wo der Limes verlief und wo die alten Römer vermutlich ihren Ausguck hatten. Jedenfalls könnte man von der Galerie des Lorcher Wachtturms aus bis zum wenige Kilometer entfernten rätischen Kastell Schirenhof bei Schwäbisch Gmünd hinübersehen – wenn es noch vorhanden wäre ...

Dabei stört uns überhaupt nicht, dass hier an diesem Limesabschnitt solche Türme nie gestanden haben und dass, wenn schon, denn schon, ein kleines, wichtiges Detail falsch ist. Zum Ersten: Hier waren die Türme stets aus Stein und nicht, wie der Nachbau, aus Holz, und wenn die Blockbauweise auch noch so urig aussieht. Zum Zweiten: Dass man zu ebener Erde in den Turm gehen kann, ist ein Zugeständnis an die Touristen. Aus Sicherheitsgründen war der Zugang, wie später auch bei den Türmen der Ritterburgen, stets im ersten Stock und nur über einziehbare Leitern erreichbar. Dort im ersten Stock hauste die

Besatzung, vermutlich waren es vier bis fünf Mann, während das Stockwerk darüber mit dem Umgang und den großen Fensteröffnungen für den eigentlichen Wachdienst bestimmt war.

Wer Lust, Zeit und verlässliches Schuhwerk hat, kann von hier aus nun in schöner, ruhiger Landschaft nach zwei Richtungen den Limes entlangwandern und entweder nördlich in Welzheim oder auf der rätischen Seite in Schwäbisch Gmünd landen. Vorher sollte er aber ins Kloster nebenan hineinschauen, das sich einst die Staufer als Grablege ausgesucht hatten und das heute ein Altenheim beherbergt. An den Pfeilern der Kirche erzählen alte Fresken von den Staufern, behütet von einem Gekreuzigten im Altarraum, dessen Arme man auch mit Scharnieren an den Körper klappen kann. Bei Prozessionen kann da nichts abbrechen. Und nebenan im Refektorium gilt es, ein modernes Rundgemälde zu bestaunen, das in grellen und ungebrochenen Farben die Geschichte der schwäbischen Staufer erzählt.

Aber jetzt die Entscheidung: wie weiter? Nach Norden oder nach Osten, am Obergermanischen Limes entlang oder ostwärts am Rätischen? Bleiben wir auf der Höhe und fahren nordwärts in den stillen Schwäbisch-Fränkischen Wald. Die nächste Station heißt Welzheim.

Man lasse sich in Lorch von den Schildern zum Kloster oben auf der Höhe lotsen, wo dann Wachtturm, Parkplatz und Kloster in Sichtweite voneinander entfernt liegen.

Welzheim
und das Römerfest

Zu Zeiten von Caligula & Co. muss das harmlose Welzheim so etwas wie das römische Potsdam gewesen sein: am Ende eines 80 Kilometer langen, schnurgeraden Grenzwalles ein riesiges Kastell jenseits des Limes, ein mehr als doppelt so großes, nur 500 Meter vom ersten entfernt und unpassender Weise durch eine Goethestraße mit ihm verbunden, diesseits des Limes und als drittes, nur anderthalb Kilometer weg, das Kleinkastell am Rötelsee 40 Meter innerhalb des Limesgrabens. Rechnet man dazu, was da an Budenstädten, Geschäften, Kneipen, Bordellen, Bädern und Friedhöfen zusammenkam, so ergab das eine ansehnliche Garnisonsstadt.

Doch der wissensdurstige Tourist braucht sich nicht vor endlosen Besichtigungsmärschen zu fürchten: Das größte Kastell von den dreien, das westliche, ist ohnehin mit modernen Häusern zugebaut, das Minikastell am Rötelsee, vor dem nördlichen Ortsausgang gelegen und für ein, zwei Dutzend Soldaten gedacht, lässt heute auch gerade eben nur die Umwallung erkennen und einige Markierungen auf der Wiese, die die Baufluchten anzeigen. Lediglich das östliche Kastell ist vorhanden, wird freundlich »Archäologischer Park« genannt und ist ein großes, leeres Viereck Wiese mit eingebautem Gähneffekt. Man kommt nicht von einem Ende zum anderen ohne einzuschlafen, obwohl Kopien von Götterstatuen da und dort am Wegesrand stehen. In Köngen hat man

Der »Archäologische Park« von Welzheim, rechts das nachgebaute Westtor

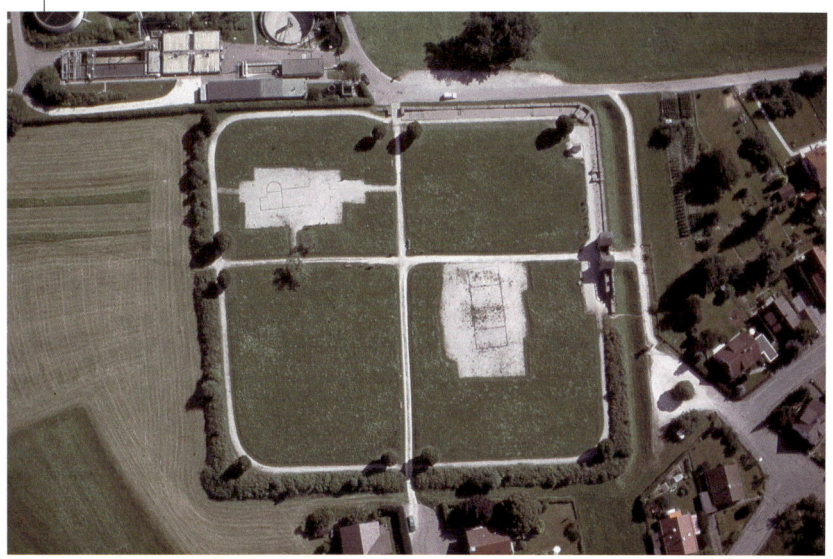

Noch heute marschieren die schwäbischen Legionäre nach lateinischen Kommandos.

das irgendwie besser gekonnt. Dafür besticht Welzheim seit 1980 durch den Nachbau des rekonstruierten Westtores, das die einstige Größe und Wehrhaftigkeit eines solchen Kastells veranschaulicht. Nur eben: Daneben und dahinter ist nichts zu sehen, wenn man nicht Glück hat und ...

Ich fange noch einmal an, am Besten mit den Worten des Antonius in Shakespeares Cäsar: »Mitbürger, Freunde, hört mich an!« Wir waren an einem Juni-Wochenende des Jahres MMIII im Welzheimer Ostkastell und haben uns köstlich amüsiert. Rund zweitausend Jahre nach der Römerzeit waren die Legionäre und die Kohorten zurückgekommen, boten römische Gaukler ihre Künste und römische Händler auf den »I. Welzheimer Römertagen« ihre Waren an. Freunde, Mitbürger, das war mal was! Nicht nur, dass die braven Schwaben natürlich die alten Panzer und Kettenhemden

anhatten, goldene Helme, Schnürsandalen und Röcke, dass sie bunte Schilde vor sich hertrugen und Spieße hochhielten. Bleibe einer ernst, wenn sie dann noch ihre Kommandos bitterernst auf lateinisch brüllen, wenn sie, wie die alten Römer, mit ihren Schwertern und Stangen exerzieren, ihre Waffen vorführen und mit den Katapulten schießen! Oder wenn sie an Lagerfeuern Mahlzeiten brutzeln und Lagerleben spielen, während römische Damen aus der Volkshochschule zwischendrin Modeschauen veranstalten! In Zelten und Ständen konnte man original gefälschte Öllämpchen kaufen oder ein Buch aus einem Stuttgarter Verlag mit sämtlichen lateinischen Militärkommandos; konnte zusehen, wie man Knochen- oder Panflöten baut, konnte sich nach römischer Art das Haar richten lassen oder köstliche Dinge für putzsüchtige Damen erstehen und was eben der Mensch alles noch mehr braucht und nicht braucht, zum Beispiel Linseneintopf, gallisches Speckbrot oder Gladiatoren-Burger.

Überall erklärten hilfsbereite Legionäre alles in schönstem Schwäbisch: »I be koi Remer.« – »Was bisch no?« – »I be a Kelte.« – »A Reigschmeckter also.« – »Noi, eba et! Des send doch die Remer.« Der Mann hatte ja so Recht, und so lernt die ganze Familie unentwegt etwas darüber, wie es vor zweitausend Jahren bei uns zuging, und fühlt sich dabei unterhalten wie auf einem Jahrmarkt. Will also sagen, Mitbürger, Freunde: Wenn man Glück hat oder ihm durch Erkundigungen bei Verkehrsverbänden oder im Internet etwas nachhilft, kann Geschichte ganz anschaulich werden: Kelten- oder Römerfeste finden an allen Ecken statt, allein im Jahr MMIII (2003) gab es, allerdings nicht nur im Schwabenländle, an die 30 derartige »Events«.

In den Zeiten dazwischen braucht es freilich ein wenig Phantasie. Die aber erwirbt man sich im Lauf der Zeit und die Archäologen sind ja noch längst nicht fertig. Schon 1894 hatte die Reichslimeskommission das 1,63 Hektar große Ostkastell untersucht, aber erst 1976/77 und 1981 fand man bei Ausgrabungen auf dem Gelände Keramik und Tafelgeschirr mit der charakteristischen roten Färbung. Erst da fand man auch in einem der Brunnen auf dem Lagergelände an die hundert römische Lederschuhe, Pantoffeln und Sandalen, wie sie zu Beginn des dritten Jahrhunderts nach Christus Mode waren. 36 davon

waren ordentlich erhalten. Eine der bisher größten Schuhsammlungen aus Römertagen.

Man fand außerdem Samen und Reste von Weintrauben, Zwetschgen, Äpfeln, Brombeeren, Hagebutten, Nüssen und Salat. Ja, sogar von importierten Feigen, sodass man sich ein wenig vorstellen kann, wie die Römer vor 2000 Jahren gelebt haben und welche Handelsbeziehungen seinerzeit bestanden. In den Brunnen fand man Teile eines eisernen Gesichtshelmes und Teile von Werkzeugen. Vieles ist noch gar nicht ausgegraben und liegt noch nahezu unversehrt im Boden. Es ist ja noch nicht einmal geklärt, warum dieses Kastell jenseits des Limes lag, wie lange das Lager bestand und ob nicht später gar ein Bauernhof hier gebaut wurde. Es lohnt sich also auf jeden Fall, ab und zu mal in Welzheim vorbeizuschauen.

Das Ostkastell ist ausgeschildert, Parkplätze gibt's in der Umgebung.

Lagerleben während der Welzheimer Römertage

Die 1963 entdeckte Steinplatte eines römischen Denkmals zeigt die kapitolinische Wölfin mit Romulus und Remus.

Murrhardt und das neue Museum

Wenn man auf dem Weg von Welzheim nach Grab zufällig zwischen 11 und 12 oder 16 und 17 Uhr durch Murrhardt kommt, bietet sich ein Besuch im Museum an, um diese und jene Funde aus der Römerzeit zu besichtigen. Murrhardt, an der schnurgeraden Limesstrecke gelegen, besaß natürlich ein Kohortenkastell, und wir wissen sogar, dass in ihm die Kohorte XXIV der freiwilligen römischen Bürger, der Voluntariorum Civium Romanorum, als Besatzung lebte. Wir wissen ferner, dass die Eichen für die Verschalung der Zisterne im Sommer 162 gefällt wurden – die Dendrochronologie macht's möglich. Man

weiß auch, wo die Magazine, das Lazarett des Kastells und der Pferdestall gelegen haben. Man hat auch im Jahr 1955 in der Friedenstraße südwestlich des Kastells zufällig den kopflosen Torso einer Apollostatue ausgebaggert. Selbst der fehlende Kopf fand sich ein Dreivierteljahr später in der Nähe der Baustelle, nur die Beine blieben verschwunden.

Außer Museumsstücken aber gibt es in Murrhardt nichts Römisches zu sehen. Das Kohortenkastell wurde 1885 untersucht und vermessen, von den römischen Denkmälern ist heute jedoch nichts mehr erhalten. Nur in der neu konzipierten und 1999 wieder eröffneten römischen Abteilung des Carl-Schweizer-Museums kann man die üblichen Keramik-, Werkzeug-,

Waffen- und Münzfunde bestaunen, die seit 1925 gesammelt worden sind. Dazu ein Mithrasaltar, Grabsteine, Reliefbilder eines größeren Denkmals, eines Stieres, einer Diana, einer Wölfin, die Romulus und Remus säugt, und den Apollo-Torso. Dazu die obligaten Gürtelschnallen, ein bronzenes Schwert und zwei Spitzen aus Bronze und Ähnliches – alles lieb, doch nur stundenweise zugänglich.

Die aus staufischer Zeit stammende Walterichskapelle am Nordturm der Pfarrkirche dagegen gilt als eine der gelungensten, in sich einheitlichsten Schöpfungen der deutschen Spätromanik und ist als Gebäude rund um die Uhr von außen zu besichtigen.

Das Carl-Schweizer-Museum ist ausgeschildert. Öffnungszeiten: Karfreitag bis 1. November Mo bis Fr 11 bis 12 und 16 bis 17 Uhr, Sa 11 bis 12 und 15 bis 17 Uhr, So und an Feiertagen 10 bis 12 und 14 bis 17 Uhr. Gruppenführungen jederzeit nach Vereinbarung. Carl-Schweizer-Museum, Seegasse 36, 71540 Murrhardt, Telefon (0 71 92) 54 02, Internet: www.carl-schweizer-museum.de

Limesturm bei Murrhardt

Grab und der alte Graben

Der Name klingt makaber, ist aber harmlos. Grab ist hier eine uralte Erinnerung an das Wort Graben und damit an den Limes, dieses gottlose Teufelswerk. Kein Wunder, dass wir von Grab aus zum Limes-Wachtturm Nr. 9/83 auf dem ebenso unchristlichen Heidenbuckel wandern wollen. Zunächst aber: Überhaupt erst einmal finden, wo Grab liegt, und dann gar noch hinkommen! Also: Das Dorf Grab mit seinen 370 Einwohnern liegt auf gerader Linie etwa in der Mitte zwischen Murrhardt und Mainhardt, gehört aber eigentlich zu Großerlach. Am einfachsten fährt man von Murrhardt zunächst in Richtung Sulzbach an der Murr und biegt dort auf die Bundesstraße B 14 Richtung Mainhardt ab. Fährt man von Murrhardt aus auf der Limesstraße den direkten Weg durch die Wälder, hat man die landschaftlich schönere Strecke, fühlt sich aber an die menschenleere »helvetische Einöde« erinnert, die die Römer einst bei der Besetzung Schwabens vorfanden. Hier ist noch ein Stück davon übrig.

Grab selbst besteht nur aus Limes. Neben der Kirche ist gleich ein Schild, dass eben hier der Limes in gerader Linie durchs Dorf lief. Erholt man sich auf der anderen Straßenseite im »Rössle« bei einem mannhaften Bier von diesem Hauch der Geschichte, der einen da unversehens angeweht hat, jagen einem die nächsten Schauer über den Rücken. Gerade hier, wo wir

Turm Nr. 9/83 auf dem Heidenbuckel bei Grab

sitzen, stand vor 1800 Jahren der Limes-Turm Nr. 9/81, wie er in der wissenschaftlichen Statistik genannt wird. Nr. 9/81 ist natürlich nicht mehr da, wohl aber ist draußen vor dem Dorf, und damit sozusagen nebenan, Nr. 9/83 vor einigen Jahren wieder auferstanden. Wegen ihm sind wir ja hier. Wie man zu Nr. 9/83 kommt, habe ich am Schluss beschrieben. Nehmen wir an, wir sind nach einem gemütlichen Gang durch den Wald jetzt an Ort und Stelle, haben die belehrenden Tafeln gelesen und sehen uns um.

Schon die Reichslimeskommission hatte diese Stelle im Jahr 1892 untersucht und dabei merkwürdige Pfostengruben entdeckt, die man mit Vermessungsaufgaben in Verbindung brachte. Da dürfte etwas dran sein. Der Heidenbuckel, auf dem der Turm stand, war mit seinen 536 Metern weit und breit die höchste Erhebung. (Es

ist sogar der höchste Punkt des schwäbischen Limes überhaupt.) Ein Wachtturm auf dem Heidenbuckel war also als idealer Vermessungspunkt der Limesstrecke geeignet. Von hier aus konnte man weit nach Norden und nach Süden sehen und so den Verlauf des Limes derart gerade vermessen, dass er auf einer Länge von 80 Kilometern nur wenige Meter von der Geraden abweicht.

Diesen Turm wiederherzustellen war also geradezu ein Akt historischer Reverenz und 1980 war es soweit. Genau nach den Abbildungen auf der Trajanssäule errichtete man den ersten steinernen Wachtturm in Baden-Württemberg. Zusammen mit dem Rems-Murr-Kreis baute die Forstdirektion Stuttgart sogar noch einen echten Limesgraben, einen Wall und einen Palisadenzaun dazu, sodass man sich hier ein paar hundert Meter lang tatsächlich in der Illusion wiegen kann, man stünde am guten alten Limes. Hier bin ich auf römischem Gebiet, da drüben jenseits der spitzen Palisaden ist Germanien, wo die Barbaren wohnen. Oder, wenn man die Seiten wechselt: Da drüben hinter der Mauer schieben die Römer Wache ...

Wobei man schon ins Grübeln kommen kann. Es ist einsam hier, Wald und nichts als Wald – und so war es damals auch. Die Soldaten haben nicht ein paar Wochen lang, nein, sie haben in dieser menschenleeren Gegend Jahre und Jahrzehnte Wache geschoben, ein Jahrhundert am Ende. Wofür? Was hat es gebracht? Was war das für ein Leben?

Limes-Lehrpfad und auch Limes-Radweg laden bei Grab zum Wandern ein.

Zurück zum Praktischen: Es gibt eine Treppe zur Tür im ersten Stock, steigen wir also hinauf wie in Lorch und gucken von oben über die Limes-Landschaft. Aber so einfach ist das nicht. Lese ich doch auf einem Schild, dass der Schlüssel dazu im »Rössle« liegt und in noch ein paar anderen Dörfern rundum. Wer läuft da schon kilometerweit hin und her. Zum Trost: Der Turm ist bis auf die Treppen innen leer und oben sieht man nichts als Baumwipfel. Die Idee aber ist nicht schlecht, hier ein paar Tage durch die Wälder nördlich und südlich von Grab den Limes entlangzuwandern; der über 15 Kilometer lange Limeslehrpfad führt hier auch vorbei. Oder mit dem Rad: Auf einem Teilstück des Limes-Radwegs sind wir ja sowieso gerade bis hierher gelaufen.

Zum Limesturm auf dem Heidenbuckel fährt man in Grab gegenüber dem Gasthof »Zum Rössle« auf der Morbacher Straße wieder aus dem Ort hinaus. Bei einer Gabelung, wenige hundert Meter hinter dem Ort, muss man geradeaus weiter auf den Wald zu halten. Dort wiederum geradeaus in den Wald, während die asphaltierte Straße neben dem Wald nach links führt. (Am Waldrand sind Schilder, aber man sieht sie im Auto kaum, am ehesten noch das mit der Aufschrift »Mehlhausweg«.) Den Mehlhausweg sechs bis sieben Minuten zu Fuß entlang, bis rechts eine Lichtung mit Bank auftaucht und links ein Weg leicht bergan führt. Links einbiegen und schon ist man da.

Mainhardt, Öhringen und der Sechseckturm

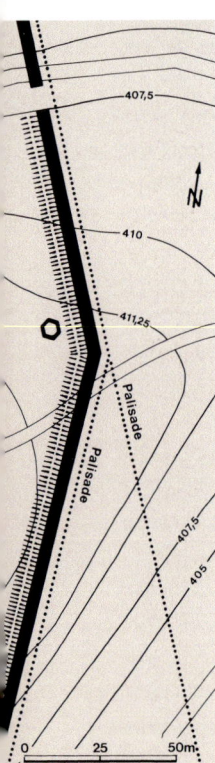

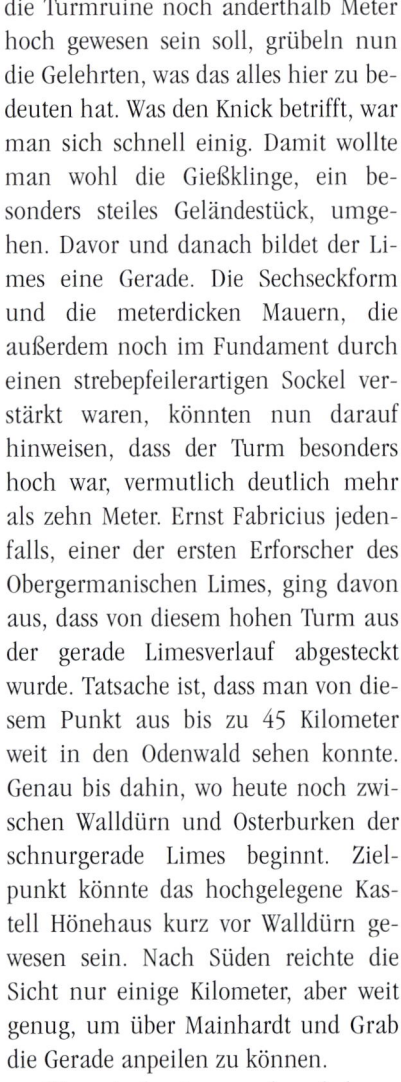

Die Römer konnten von Grab aus nordwärts schnurgerade am Limes entlang nach Mainhardt und Öhringen laufen. Wir Nachgeborenen hingegen müssen uns umständlich an die Schlängelpfade der Straßen halten und haben dabei noch Schwierigkeiten zu erklären, wo es lang geht. Aber spielen wir einfach Römer, nehmen wir ein Lineal und legen es genau auf Grab und Mainhardt und verlängern nach oben. Wir kommen damit zwangsläufig nach Öhringen und markieren damit exakt den Verlauf des Limes, wie er streckenweise tatsächlich noch in der Landschaft zu sehen ist. Nun halbieren wir die Gerade zwischen Öhringen und Mainhardt und genau da, zwischen beiden Orten, liegt bei Unter- und Obergleichen der einzige sechseckige Limesturm. Ungewöhnlich ist dabei nicht nur der Grundriss, sondern auch die Tatsache, dass der Sechseckturm besonders dicke Mauern hat und an der einzigen Stelle liegt, an der der Limes einen seltsamen Zacken macht. Seit den ersten Grabungen im Jahr 1893, als

Der »Limesknick« am Sechseckturm

die Turmruine noch anderthalb Meter hoch gewesen sein soll, grübeln nun die Gelehrten, was das alles hier zu bedeuten hat. Was den Knick betrifft, war man sich schnell einig. Damit wollte man wohl die Gießklinge, ein besonders steiles Geländestück, umgehen. Davor und danach bildet der Limes eine Gerade. Die Sechseckform und die meterdicken Mauern, die außerdem noch im Fundament durch einen strebepfeilerartigen Sockel verstärkt waren, könnten nun darauf hinweisen, dass der Turm besonders hoch war, vermutlich deutlich mehr als zehn Meter. Ernst Fabricius jedenfalls, einer der ersten Erforscher des Obergermanischen Limes, ging davon aus, dass von diesem hohen Turm aus der gerade Limesverlauf abgesteckt wurde. Tatsache ist, dass man von diesem Punkt aus bis zu 45 Kilometer weit in den Odenwald sehen konnte. Genau bis dahin, wo heute noch zwischen Walldürn und Osterburken der schnurgerade Limes beginnt. Zielpunkt könnte das hochgelegene Kastell Hönehaus kurz vor Walldürn gewesen sein. Nach Süden reichte die Sicht nur einige Kilometer, aber weit genug, um über Mainhardt und Grab die Gerade anpeilen zu können.

Was wir heute zu sehen bekommen, ist weniger: Den 1932 wieder aufgemauerten Sockel des Sechseckturmes und, keine hundert Meter nach Norden, ein gut erhaltenes Stück Limes mit Wall und Graben aus alten Tagen. Auch nach der anderen Seite zu ist der Limes hie und da noch gut zu erkennen. Aber schwer zu erreichen, weshalb der Limeswanderweg an dieser Stelle manchmal eigene Wege geht.

Der Ordnung halber und weil wir auf unserer Reise von Turm zu Turm ohnehin durch Mainhardt gekommen sind und nach Öhringen weiterfahren: In beiden Orten hatten die Römer Kohortenkastelle, von denen aber heute kaum noch etwas zu sehen ist. In Mainhardt liegt das 2,4 Hektar große Kastell im westlichen Teil des alten Ortskerns, zu sehen ist aber nur eine konservierte Ecke aus Quadersteinen mit Fischgrätenmuster. 1990 wurden nahebei die Backöfen der Soldaten gefunden. Die Funde der Mainhardter Ausgrabungen (Weihesteine und so manch anderes) sind in einer ehemaligen Kapelle gegenüber dem Rathaus untergebracht und können besichtigt werden.

Mit zwei Kohortenkastellen und einer großen Zivilsiedlung gehörte Öhringen einst zu den wichtigsten Standorten des Limes – zu sehen ist heute nichts mehr. Es wurde fast alles modern überbaut. Anstelle des mit drei Gräben stark befestigten Westkastells steht heute das Kreiskrankenhaus. Das erklärt, weshalb vor dem Eingang des Krankenhauses ein Skulpturenpark mit den Kopien römischer Fundstücke aus Öhringen angelegt ist. Für Pfadfindertypen noch ein Tipp: Einige Kilometer nördlich von Öhringen befindet sich hinter Büttelbronn und Westernbach und westlich der Friedrichsruh (Parkplatz) im Wald »Pfahldöbel« auf fast 300 Metern

Limeswall zwischen Öhringen und Mainhardt

Länge einer der besterhaltenen Abschnitte des vorderen Limes.

In Mainhardt ist der Weg zum Kastell ausgeschildert. Den Schlüssel zum Museum gibt es im Textilhaus Pasler Rau, Telefon (0 79 03) 94 02 56, oder von Herrn Pasler, Telefon (0 79 03) 94 02 55. Gemeinde Mainhardt: Telefon (0 79 03) 91 50-0.

Den Sechseckturm erreicht man von Mainhardt aus über die Deutsche Limesstraße, indem man kurz hinter Untergleichen hart nach rechts zum Parkplatz fährt. Von dort aus ist man in wenigen Minuten zu Fuß am Turm.

Öhringen: Am einfachsten fährt man von Öhringen aus bei Büttelbronn unter der Autobahn hindurch und folgt dann dem Schild »Deutscher Limes-Radweg« in Richtung Norden.

Heute liegt das römische Bad von Jagsthausen mitten zwischen Wohnhäusern.

Jagsthausen
und kein Götz

Wenn man nach Jagsthausen fährt, dann wegen der »Eisernen Hand« und der Götz-Festspiele, nicht aber wegen der alten Römer. Und mit Recht. Zwar hatten die Römer hier am Schnittpunkt des Limes mit der Jagst und einer von Bad Wimpfen herbeieilenden Fernstraße ein zweieinhalb Hektar großes Kastell für die Cohors I Germanorum. Von diesem Kastell, zwischen Neuem Schloss und Götzenburg gelegen, ist heute aber nichts mehr zu sehen – die meisten Steine dürften in der Götzenburg verbaut sein.

An der Friedrich-Krapf-Straße aber gibt es ein Römerbad zu sehen, das man überhaupt erst 1992 entdeckt hat. Auch hier die übliche Geschichte:

Das Grundstück sollte überbaut werden, dabei wurde überhaupt erst wahrgenommen, was für ein Kulturdenkmal man vor sich oder besser: unter sich hatte. Und was nicht immer üblich ist, es gelang, diesen Fund als archäologisches Reservat zu bewahren und in ein Freilichtmuseum zu verwandeln. Da nicht einmal das ganze Bad freigelegt wurde und zudem bestenfalls die Grundmauern, und nicht einmal die alle, zu sehen sind, sind andere Bäder sicherlich eindrücklicher. Wir wollen aber nicht undankbar sein. Hessische Patrioten jedenfalls haben Grund zur Freude: Bei mehr als 70 gefundenen Ziegeln wurden 15 verschiedene Stempelformen nachgewiesen, aus denen eindeutig hervorgeht, dass die Steine in Frankfurt Nied hergestellt und hierher gekarrt worden waren.

Osterburken
und die Tauroktonie

Statt von Jagsthausen auf der schnurgeraden Strecke des Obergermanischen Limes zum nächsten Kastell in Osterburken zu fahren, machen wir hier einen kleinen Schlenker westwärts zum Neckar. Wir biegen in Mosbach in die Bundesstraße B 27 ein und sind plötzlich zwar nicht in Oster- aber in Neckarburken. Auch das ein Ort mit römischem Kastell. Das Kastell ist überbaut, da gibt es außer einem Kastelltor unmittelbar an der Bundesstraße nichts zu besichtigen. Warum also der Umweg? Weil hier die Cohors III Aquitanorum equitata zum Schutz des Neckarlimes stationiert war. Eben jene Kohorte, die nach dem Jahr 150 nach Osterburken umzog, als der ohnehin unbefestigte Neckarlimes durch den neuen, diesmal befestigten Obergermanischen Limes zwischen Lorch und Walldürn ersetzt wurde und die Römer dadurch ihr Einflussgebiet nach Osten erweiterten.

»Wie weit der Römer Macht« einstmals reichte, hatte dann im Jahr 1768 der fürstlich-hohenlohische Rat Christian Ernst Hanßelmann bemerkt, als er in Osterburken römer-fündig wurde. Jedoch erst 1867 fand der Mannheimer Altertumsverein heraus, dass es sich bei der damaligen Entdeckung gleich um ein Doppelkastell handelte, das keine 500 Meter hinter dem Limes stand. Eine echte Rarität, dieses Doppelkastell, auch wenn wir heute nur noch eins zu sehen bekommen. Angefangen hatte alles knapp über der Talsohle mit einem über zwei Hektar großen Kastell, etwa 185 Meter lang und 115 breit, mit meterdicken Mauern und bestückt mit 16 Türmen an den Ecken und den Toren. Eine richtige kleine Stadt für sich.

An dieses große Rechteck im Tal war dann später hangaufwärts ein seltsam schiefes Trapez angebaut worden, als Lager denkbar ungeeignet, weil die Wohnbaracken nur in Stufen übereinander gebaut werden konnten; vom strategischen Standpunkt aus aber sehr günstig: Von hier oben hatte man einen weiten Blick und lebte sicherer als unten im Tal. Es ist dieses schiefe Trapez, in der Literatur Annexkastell genannt, das man heute noch begucken und wie einen Park durchstreifen kann, während das große Kastell längst unter Wohnhäusern verschwunden ist.

**Blick auf das Osterburker
»Trapez«-Kastell**

Ein Kastell wie alle Kastelle: Wiese in dicke Mauern eingefasst, aber was für Mauern und welche Ruhe! Ich weiß noch, hier oben habe ich einmal in der Stille eines Sommernachmittags eine Weile gesessen und gespürt, wie die Zeit zurückkam. Dieses Kastell war eben nicht nur leergeräumte Wiese oder Museum. Dieses Areal zwischen fast 2000 Jahre alten Mauern war Gedenkstätte.

Vor mir das Kriegerehrenmal für die Gefallenen des Krieges von 1870/71, weiter unten ein zweites Ehrenmal für die Toten der beiden Weltkriege. Damals waren es auch Soldaten, die hier im Kastell lebten; auch damals haben Soldaten ihr

Mithrasrelief von Osterburken

Leben gelassen, weil irgendein Mächtiger zeigen musste, wie weit seine Macht reichte ...

Dabei: Wegen des Kastells war ich gar nicht hergekommen, das war sozusagen eine Zugabe. Gekommen war ich wegen des Bades. Schon wieder ein Bad, ich weiß. (Sie haben offenbar nichts anderes gemacht als gebadet; ich kann es nicht ändern.) Eigentlich und genau genommen sogar zwei Bäder, aber wie beim Kastell: Nur eins ist freigelegt und als »Römermuseum« zu besichtigen. Aber was für ein Bad! Da es überhaupt erst 1973 entdeckt wurde, konnte das »Kastellbad II« nach modernen Gesichtspunkten konserviert

und durch einen Schutzbau gesichert werden. Herausgekommen ist ein ideales Vorführbad. So gut wie selten wird einem hier eine Therme vom so genannten Reihentyp vorgeführt, wird der Aufbau einer Unterboden- und Wandheizung am Original gezeigt und das Ganze einleuchtend erklärt. Selbst Wasserscheue könnten hier Lust zu einem Planschbad bekommen, so sauber, so gut erhalten und einladend ist diese antike Reinigungsanstalt aus den Jahren um 190 nach Christus.

Dazwischen und entlang den Wänden Gefäße, Vasen, Figuren und Weihesteine, die man im Lagerdorf gefunden hat. Den berühmtesten Fund kann man allerdings nur in einer Kopie bewundern. (Das Original steht seit seiner Entdeckung im Jahr 1861 im Badischen Landesmuseum in Karlsruhe.) Es ist der »Mithrasstein von Osterburken«. Der Gott mit der phrygischen Mütze stemmt ein Knie in den Nacken eines Stieres, fasst mit der Linken dem Tier ins Maul und biegt ihm den Kopf zurück, um ihm mit der Rechten die Kehle zu durchschneiden. Und da sind ja auch links und rechts die beiden, die wir von Güglingen her kennen: Cautes und Cautopates, die göttlichen Begleiter. Der eine steht mit erhobener Fackel für Leben und der andere mit gesenkter für den Tod. Es ist die klas-

Das Museum zeigt sehr gut Aufbau und Funktion eines Bades.

sische Darstellung der »Tauroktonie«, der Stiertötung, die auf dem Relief von zahlreichen Einzeldarstellungen des Mithraskultes umrahmt wird.

Was für ein Tag also: Kastell, Bad und Kultstein. Und wenn man Glück hat, sogar ein echtes Stück Limes – mehr auf einmal wird an einer Stelle selten geboten. Dabei hat der Osterburker Bürgermeister Roland Burgen noch mehr vor. Bis zum Frühjahr 2006 will er die Ausstellungsfläche des Museums verdreifachen, um neue Themenbereiche wie Römer und Germanen oder Götter und Kulte allgemein verständlich darzustellen und damit auch den Besucherstrom von jetzt 6000 pro Jahr zu verdreifachen. Selbst den Limes will Bürgermeister Burgen verschönern. Damit man ihn besser in der Landschaft erkennt, wird er in Zukunft als schnurgerade rote Kette zu sehen sein. Man braucht ja nur hintereinander weg Rotahornbäume zu pflanzen ...

Osterburken: Das »Römermuseum« ist gut ausgeschildert. Öff-

nungszeiten: Mitte März bis Mitte November Mi, Sa, So und feiertags 14.30 bis 16.30 Uhr und nach Vereinbarung. Informationen: Telefon (0 62 91) 4 01 23 (Frau Ander, Stadtverwaltung) oder (0 62 91) 82 58 (Herr Dr. Weiß, Historischer Verein). An der Straße, in der sich das Museum befindet, liegt etwas bergauf das Kastell. Der Limesverlauf ist in der Umgebung noch an zwei Stellen sichtbar. Im Museum gibt es dazu einen Wegweiser.

Neckarburken: Museum im alten Rathaus, geöffnet sonntags 14 bis 16 Uhr. Die einzig sichtbaren Überreste des Kastells sind unmittelbar hinter Neckarburken an der Bundesstraße B 27 Richtung Walldürn. Vorher ist rechts ein Abzweig und ein Hinweis auf das Kastell, aber: Nicht befolgen, auf der B 27 bleiben! In Sichtweite rechts am Straßenrand die Reste eines Kastelltores. Kein echter Parkplatz vorhanden, aber es gibt die Möglichkeit, neben der Straße anzuhalten.

Walldürn
und der Pfusch am Bau

Da kann die Menschheit rätseln, wann genau die Cheopspyramide bis auf den letzten Stein fertig war, an welchem Tag Dürer seinen berühmten Hasen gemalt hat oder wann Beethoven zum ersten Mal die Anfangstakte der Neunten durch den Kopf geschossen sind. Aber das völlig unwichtige Datum, wann die römischen Soldaten unter Hauptmann Flavius Romanus das römische Bad von Walldürn wiedereröffnet haben, nachdem der alte Bau vorher »vetustate conlapsum«, aus Altersschwäche, zusammengefallen war, das ist für alle Zeiten eigens auf einem Sandsteinaltar für die Göttin Fortuna eingemeißelt. Es ist der 13. August 232.

Das erste Bad war etwa einhundert Jahre vorher bei einem Kastell des vorderen Limes an einem Ort gebaut worden, der auf eine keltische Siedlung zurückgeht. Der Name Turniu erinnert an diesen keltischen Ort, erst im 15. Jahrhundert wird daraus der Name Walldürn. 1828 wurden bei einer ersten Grabung zwar die Grundmauern des Kastells freigelegt, aber zu sehen ist heute praktisch nichts außer einer flachen Bodenwelle, die die Lage der Umfassungsmauer wiedergibt. Besser steht's mit dem Bad. Schon 1896/97 hatte die Reichslimeskommission das Bad entdeckt und erste Grabungen unternommen. 1971/72 wurde das Bad vom Landesdenkmalamt Baden-Württemberg systematisch untersucht und konserviert. Das Ergebnis: Die Steinmauern sind wieder ein Stück hochgemauert und die verschwundene hölzerne Vorhalle wenigstens mit Holzpflöcken markiert. Sogar die Badheizung wurde durch nachgebaute Hypokaustum-Teile wieder vorstellbar gemacht, auch wenn all die Bemühungen nicht an das Bad in Osterburken heranreichen.

Alles in allem ist dieses Kulturdenkmal mitten auf der Wiese aber, wenn man nicht inzwischen die Bäder satt hat, für den Neugierigen ein lohnendes Ziel, zumal alles mit Tafeln und Hinweisen erklärt wird. Da erfährt man dann auch, dass schon in der Antike gepfuscht worden ist. Die ohnehin durch die große Hitze stark

Das Walldürner Bad in der Aufsicht ...

beanspruchte Fußbodenheizung war beim Neubau durch minderwertiges Steinmaterial ersetzt worden, sodass ständig Reparaturen nötig waren. Schließlich brannte das ganze Bad nach dreißig Jahren ab, wie man an verkohlten Balken und geschmolzenem Fensterglas nachweisen konnte.

Aber das ist nicht alles, was es an römischen Reminiszenzen zu sehen gibt. Walldürn bietet (neben einer bekannten Wallfahrtskirche) außerdem: das Kleinkastell Haselburg in Walldürn-Reinhardsachsen mit einem restaurierten Osttor und einem Stückchen Umfassungsmauer; das Stadt- und Wallfahrtsmuseum Walldürn mit römischen Funde aus der Umgebung; einen veritablen Limes-Lehrpfad im Norden von Walldürn, der reichlich zwei Kilometer neben dem alten Limes herläuft und unter anderem einen konservierten Wachposten und eine rekonstruierte Palisade vorführt. Nicht genug damit: Fährt man auf der Deutschen Limesstraße Richtung Osterburken, findet man nach etwa sechs Kilometern einen Waldparkplatz nebst Grillhütte ausgeschildert und kann dort die konservierten Grundmauern des nur 0,2 Hektar großen Kleinst-Kastells Hönehaus auf dem Rehberg betrachten. Wir haben es schon beim Sechseckturm kennen gelernt.

Damit verabschieden wir uns vom Obergermanischen Limes, der nun ins Hessische hinüberführt, kehren ins Remstal zurück und folgen von da an dem Rätischen Limes, bis auch dieser Baden-Württemberg verlässt und ins Bayerische entschwindet.

... und zu ebener Erde

Die Tourist-Information im Rathaus von Walldürn, Hauptstraße B 27, hat die Telefonnummer (0 62 82) 67-106 und -107. Anfahrt zum Bad: Von der Bundesstraße 27 zuerst auf die Landstraße Walldürn–Waldstetten (hier Hinweis »Flugplatz«) und nach 600 Metern rechts in einen asphaltierten Feldweg einbiegen. Ab hier ist das Bad ausgeschildert. Nach 400 Metern Parkplatz, Badgebäude und Rastplatz. Die römischen Funde können im Sommerhalbjahr im Stadt- und Wallfahrtsmuseum, Hauptstraße 39, Telefon (0 62 82) 6 71 07 Di, Do und So 14 bis 16 Uhr und nach Vereinbarung besichtigt werden. Der Waldparkplatz mit den römischen Resten liegt an der Straße zwischen Walldürn-Hettingen und Altheim beim Gebiet »Großer Wald«.

Der Rätische Limes

Der Schirenhof und die Quellnymphe

Nun also von Lorch aus nach Osten, die Rems entlang und zum Rätischen Limes, unserer letzten Etappe auf den Spuren der Römer im deutschen Südwesten. Neu: Es fehlen die Wälle und Palisaden, die Grenze bestand aus einer steinernen Mauer, mannshoch und höher. Neu auch: Statt entlang einer schnurgeraden Linie schwingt sich der Limes hier in lockeren Bögen die Rems entlang und ein Stück zu Kocher und Jagst hinüber, bevor er nach Osten durchs bayerische Altmühltal gen Donau weiterführt.

Vom Kastell Schirenhof ist nur noch das Bad mit der Quellnymphe übrig.

Der Schirenhof bei Schwäbisch Gmünd ist für uns nach dem Dreh- und Angelpunkt Lorch die erste Station dieses Mauerlimes. Ansonsten hat sich nicht viel geändert: Auch hier vom Kastell keine oberirdischen Spuren, dafür ist das Bad so weit ausgegraben und renoviert, dass wir es ansehen können. Wie zu erwarten, liegt auch diese Kastellgründung ziemlich spät, also um 150 nach Christus, und das ist nicht nur Vermutung. Nach den Kleinfunden wissen wir, dass der Bau in die Regierungszeit des Kaisers Antoninus Pius (138–161) fiel. Dendrochronologische Untersuchungen an zwei Eichenstämmen aus dem Lagerdorf bestätigen das. Das Ende des Kastells lässt sich an den Münzfunden ablesen und muss um 248 gewesen sein.

Was wir zu sehen bekommen, ist wie üblich das Bad, rund 50 Meter lang und 25 breit, diesmal mit prächtigem Blick über das Remstal. Da es an einem Hang liegt, kann man sehr schön von oben ins Bad sehen und die erworbenen Kenntnisse anwenden: Es ist also ein so genanntes Reihenbad, das nordsüdlich orientiert ist. Nach Norden zu der Eingang und die Kaltbäder, nach Süden zu, im Vertrauen auf die wärmende Kraft der Sonne, die Warmbadehalle. Wie üblich unterscheidet der Fachmann an den verschiedenen Steinen und Vermauerungstechniken eine Gründungs-, Erweiterungs- und

Das Kastellbad in Schwäbisch Gmünd-Schirenhof ist eine klassische Reihenanlage.

Spätphase, aber das muss uns hier nicht interessieren. Jeder kann es auf den Erklärtafeln nachlesen. Was zu einem Foto anregt, ist die 1893 entdeckte Brunnennymphe, die einst als Wasserspender diente und nun dekorativ am Beckenrand sitzt. Selbstverständlich ist es kein Original, aber der echten Nymphe im Museum in Schwäbisch Gmünd täuschend ähnlich.

Wir fahren deshalb nun ohne Gewissensbisse an Schwäbisch Gmünd vorbei, besser gesagt hindurch, und weiter nach Böbingen.

Von der Bundesstraße B 29, Ausfahrt Schwäbisch Gmünd-West, über die Rems auf die Eutighofer Straße. Von hier nach einiger Zeit rechts bergauf abbiegen (Schild). Die Ausgrabung findet sich neben der (modernen) Kirche Sankt Michael rechts am Berghang. Tipp: Den Kirchturm als Fahrziel anpeilen, da die Ausschilderung erst kurz vor der Ausgrabung beginnt. (Das nicht mehr sichtbare Kastell befand sich hangaufwärts über dem Bad, wo jetzt moderne Wohnhäuser stehen.)

Böbingen
und das Match im Kastell

Auf halbem Wege zwischen Schwäbisch Gmünd und Aalen landen wir dort, wo der Limes-Radweg gerade nicht vorbeiführt, in Oberböbingen, unserem nächsten Ziel. Besser als in Böbingen konnte man ein Kastell gar nicht platzieren: auf einem Bergvorsprung zwischen Rems und Klotzbach. Von hier hatte man Sichtverbindung zu über fünfzehn Limestürmen. Heute hat man freilich Mühe, auf der flachen Wiese schon das bisschen Kastell wieder zu finden, das Zeit und Unverstand übrig gelassen haben. Zwar hatte man das Lager schon 1886 entdeckt. 1892 fanden dann auch erste Grabungen auf dem zwei Hektar großen Gelände statt. Aber was nützt das, wenn dann 1930 und 1935 das halbe Lager durch einen Steinbruch ruiniert und zerstört wird?

Was man 1973 dann noch fand, war wenig genug: gerade eben die abgerundeten Ecken der Lagermauer. Aber das heißt noch lange nicht, dass der Besucher nun wenigstens einen Überblick hätte. Das verhindert eine Tennisanlage mit Plätzen, Häuschen und Schuppen, die innerhalb der Lagermauern auf Kundschaft wartet.

Dass ich diese Fundstelle in Böbingen überhaupt erwähnt und beschrieben habe, hat zwei Gründe: So reich ist der Rätische Limes mit Funden nicht bestückt, um sie einfach auszulassen. Und zweitens: Wir werden nichts anderes tun, als von hier aus zu einem anderen Stück Mauer fahren. Das aber lohnt sich.

Mehr Tennisplatz als Kastell – sic transit gloria mundi.

Immerhin: Der Rest ist gepflegt und auf einer Tafel beschrieben, auf der auch ein Nackedei abgebildet ist. Es ist die 1962 gefundene Bronzestatuette eines jugendlichen Mars, dessen Zustand Archäologen mit »heroischer Nacktheit« umschreiben. Dabei ist der Gott gerade eben 19,4 Zentimeter groß und es mag wohl an der bescheidenen Größe liegen, dass man ihn nur zufällig in einem Erdhaufen fand, den eine Planierraupe zusammengeschoben hatte.

Damit können wir beruhigt, wenn auch ohne tiefere Ergriffenheit, von Böbingen und seinem ruinierten Kastell Abschied nehmen, um, falls es gerade Donnerstag oder Sonntag ist, ein Stück landeinwärts in den Kellern eines modernen Postamtes eindrücklichere Ruinen und Reste der römischen Besatzer kennen zu lernen. Danach werden wir aus dem »Hinterland« wieder zum Rätischen Limes zurückkehren oder, falls es ein anderer Wochentag ist, von Böbingen aus gleich zur nächsten Station am Limes weiterfahren.

Böbingen liegt an der Bundesstraße B 29 zwischen Schwäbisch Gmünd und Aalen. Zur Ausgrabung in Unterböbingen Richtung Heubach abbiegen. Im Ort Böbingen Richtung Römerhalle und Rathaus fahren. An der Römerstraße mit Schild »Römerkastell« einbiegen. Am Rathaus (mit Feuerwehr) vorbei bergwärts über Bürklestraße Richtung Sportgelände und Tennisplatz. Dort sind die Kastellreste, zwischen denen sich die Tennisanlage befindet.

Heidenheim und die postlagernde Antike

Die Reise geht, sofern es Donnerstag oder Sonntag ist, von Böbingen nach Heidenheim, von der Rems an die Brenz, vom Rätischen Limes südwärts Richtung Donau-Limes, der unter Kaiser Domitian (reg. 81–96) freilich längst bis auf die Alb vorgeschoben worden war. Hier auf der Ost-

Die breiten Mauern des Heidenheimer »Verwaltungsgebäudes«

alb, wo Kocher- und Brenztal einen bequemen Albübergang bilden, hatte Domitian an strategisch wichtiger Stelle mit einem großen Kastell eine ähnliche Sperre errichtet wie seine Vorgänger bei Waldmössingen am Rand des Schwarzwalds. Denn dass hier zwischen Albuch und Härtsfeld ein wichtiger Übergang über die Alb war, beweist eine alte römische Straßenkarte, die an dieser Stelle die Siedlung Aquileia eingezeichnet hat.

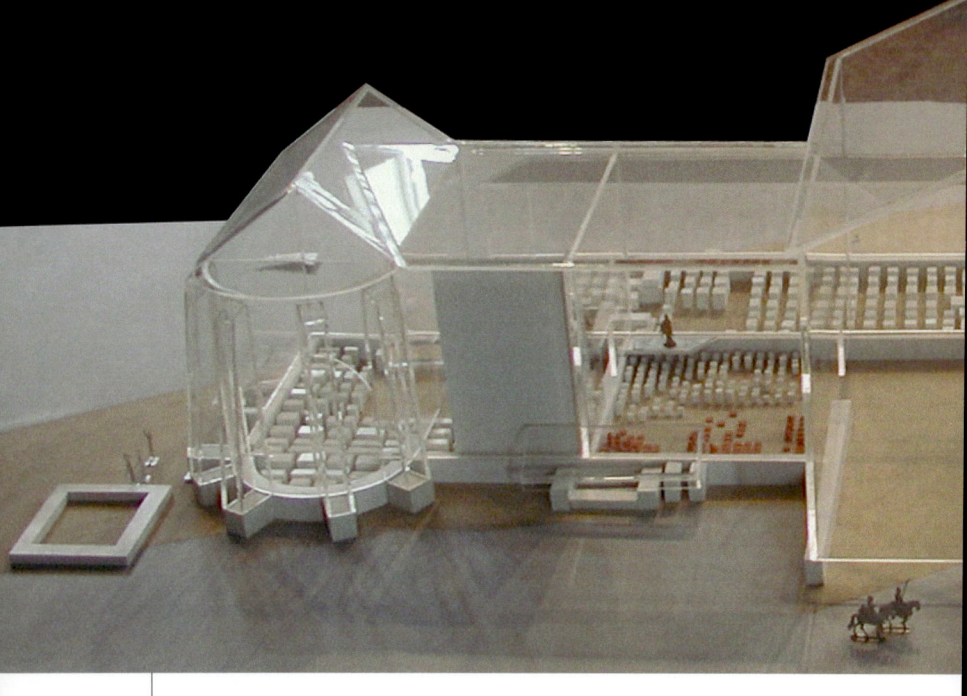

So könnte der einmalige Verwaltungsbau ausgesehen haben.

Tatsächlich hat man dann auch 1881 bei Kanalarbeiten in Heidenheim römisches Mauerwerk entdeckt, und Forstmeister Prescher, gepriesen sei er, hat als Erster vermutet, dass dies die Reste eines römischen Kastells sein könnten. Er hatte Recht, und in den Jahren 1896/97 grub eben dieser Forstmeister Prescher im Auftrag der Reichslimeskommission die Lagermauern und das Stabsgebäude eines riesigen Lagers aus, in dem einst tausend römische Reiter stationiert waren. Die Längsseiten waren 271 Meter lang, die Querseiten 195. Sie umschlossen ein Areal von fast 5,5 Hektar Land.

Davon ist heute nichts mehr zu sehen, wenn man aber im heutigen Stadtplan von Heidenheim die Karl-

straße zwischen Brenzstraße und Paulinenstraße hochläuft, dann nach rechts der Paulinenstraße bis zum Bahnhofsplatz folgt und dort in Gedanken in gerader Linie bis zur Brenzstraße zurückgeht und schließlich der Brenzstraße bis zur Karlstraße folgt, ja, dann ist man einmal um das Lager herumgelaufen.

Nun hatte ich noch in Böbingen versprochen, dass wir hier etwas mehr zu sehen bekommen würden als nur ein paar bescheidene Mauerecken mit heroischen Nackedeis. Noch vor einiger Zeit hätte Heidenheim nicht einmal das bieten können. Aber dann fand man, hundert Jahre nach der Entdeckung des Kastells, gleich nebenan bei Bauarbeiten für das neue Postamt das obligatorische Bad und

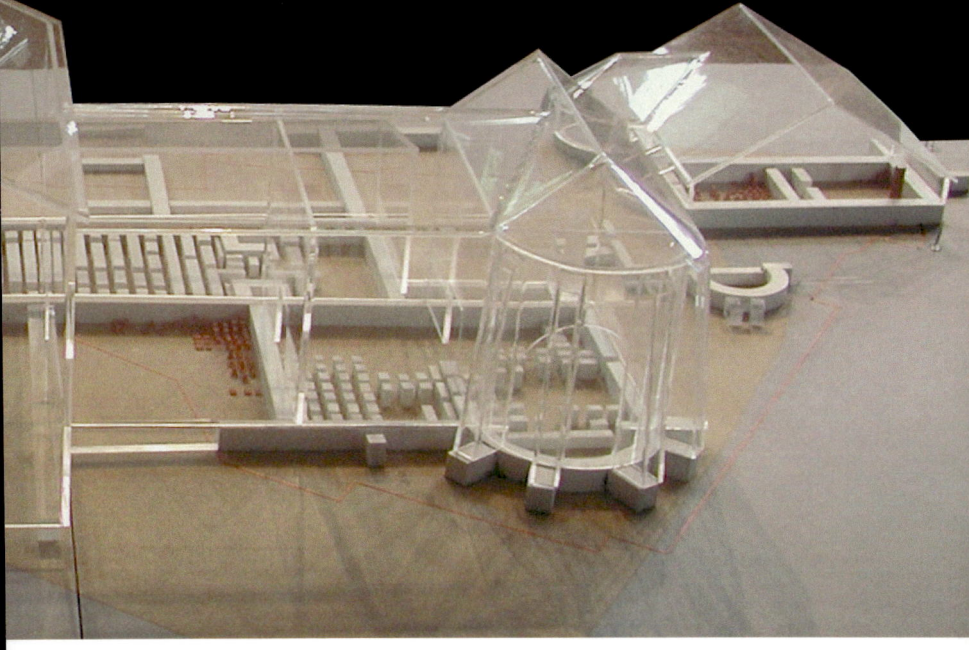

baute ein Museum drum herum und die Post darüber. Und so befindet sich denn seit 1984 das »Museum im Römerbad« im Keller des neuen Postamtes. Es ist ein sehr reizvolles Museum. Denn das, was man fand, war am Ende nicht das, was man gedacht hatte, und das, was man seitdem sieht, ist durchaus nicht das, was man zu sehen glaubt.

So kann man jedem, der endlich einmal wissen will, wie auf der Ostalb ein römisches Bad aussieht, nur abraten, nach Heidenheim zu fahren. Das, was da im ersten (runden) Raum konserviert ist, sieht überhaupt nicht wie ein Bad aus, da fehlt aber auch alles: die Fußbodenheizung, die einzelnen Baderäume, die Nischen, Stufen und Treppchen, die Kanäle.

Eine Fußbodenheizung, so üppig wie selten, die Kanäle, die Luftschächte und die Zimmerflucht nebeneinander liegender Räume wie in Badenweiler, flankiert von zwei pompösen Apsiden, das alles findet man im nächsten (viereckigen) Kellerraum. Aber das ist natürlich nicht, wie zunächst auch die Archäologen meinten, das eigentliche Prachtsbad der tausend römischen Reiter. Weit gefehlt.

Also: Das Bad ist tatsächlich der karge Keller im Rundbau, man muss sich nur den Schaubildern widmen. Dafür ist das vermeintliche Riesenbad im viereckigen Nebenraum keine Therme, sondern offenbar ein sehr großes, spiegelsymmetrisch angelegtes Verwaltungsgebäude mit Fußbodenheizung.

Einmalig im süddeutschen Raum, eine Novität nördlich der Alpen – 75 Meter lang und teilweise mehr als 50 Meter breit. Auch hier lese man die Schaubildtexte und besehe sich den Grundriss, denn anders bekommt man keinen Überblick in dem niedrigen, wenn auch weitläufigen Kellerraum. Hinzu kommt, dass ja nur Teile ausgegraben sind. Bad und Verwaltungsgebäude liegen zum größeren Teil und bis in alle Ewigkeit zwar vermessen, aber unausgegraben unter den Nachbarstraßen und -gebäuden.

Bleibt die Frage: Wozu braucht eine Reiterkaserne ein so riesiges beheizbares Gebäude? Die Antwort findet man in der alten römischen Kalkgrube: zu gar nichts. Dort fand man nämlich einige durch den Kalk erhaltene Verschalungen aus Buchenholz, das nach dendrochronologischer Untersuchung um das Jahr 130 nach Christus gefällt und zugeschnitten worden war. Um diese Zeit oder kurz danach aber wurden die Reiter gerade aus Heidenheim abgezogen und am weiter vorgeschobenen Limes in Aalen stationiert, die rätische Provinzverwaltung durch den Oberkommandeur von Aquileia / Heidenheim nach Regensburg verlegt. Heidenheim wurde nun offenbar ein römisches Verwaltungsstädtchen, das sich bis zum Ende der römischen Herrschaft, also bis etwa 250 nach der Zeitenwende, halten konnte. Deshalb wurden warme Räume für die Verwaltungsbeamten benötigt.

Die ausgestellten Funde in den Vitrinen zeigen das, was man in vielen Museen zu sehen bekommt: Scherben, Ziegel (auch mit Tierspuren), eiserne Werkzeuge, Arztbestecke, Schlüssel, Spangen und Sporen. Zusammen mit Schaubildern, Texten, Tonbildschauen und Videofilmen kann man sich recht gut informieren – es kann nicht überall so viel zu sehen sein wie in Aalen.

Damit kehren wir von unserem Abstecher ins römische Hinterland wieder an den Rätischen Limes zurück, den wir bei Böbingen verlassen haben. Aber statt nun gleich in Aalen das Kastell aufzusuchen, in das die tausend Heidenheimer Reiter seinerzeit umgezogen waren, fahren wir erst einmal durch Aalen hindurch, halten auf Ellwangen zu und suchen dort »Das Freilichtmuseum am Rätischen Limes im Ostalbkreis«.

Das »Museum im Römerbad« befindet sich in 89518 Heidenheim in der Theodor-Heuss-Straße 3 nahe dem Bahnhof im Kellergeschoss des Postamtes (ausgeschildert). Öffnungszeiten: 15. März bis 15. November Do 10 bis 12 und 14 bis 17 Uhr, So und Feiertage 10 bis 17 Uhr. Die Anlage ist rollstuhlgerecht. Parkplätze befinden sich gegenüber der Post.

Für Auskünfte und Führungen: Telefon (0 73 21) 327-397. Achtung: Im Internet, in Prospekten und Handbüchern kursieren bis zu vier verschiedene Öffnungszeiten. Die neuesten, hier angegebenen, stammen vom Januar 2004.

Die manchmal erwähnte Römerausstellung im Schloss Hellenstein ist längst im »Museum im Römerbad« integriert.

Dalkingen
und Caracallas Stippvisite

Wenn es schon heißt »Das Freilichtmuseum am Rätischen Limes« und dann keine Orte zur Orientierung genannt werden; wenn man es endlich heraus hat, dass man dazu Richtung Rainau im Ostalbkreis fahren muss, man jedoch dort nichts entdecken kann, weil die Beschilderung fehlt; wenn man schließlich herausfindet, dass sich das Museum über einige Quadratkilometer in der Landschaft verteilt, und wenn man endlich einen »Gesamtplan des Freilichtmuseums am Rätischen Limes mit Markierung der Wanderwege« aufspürt, in dem 20 Jahre alten Plan aber weder Entfernungen noch Wanderzeiten und in der Natur natürlich auch keine Wegezeichen findet, um das übliche römische Bad und die übliche Villa und einen in der Konstruktion umstrittenen hölzernen Wachtturm zu entdecken – dann lässt der Eifer doch etwas nach. Ich lade Sie stattdessen ganz präzise nach Dalkingen am Rand die-

Das Dalkinger Tor während einer Ausgrabungsphase.

ses seltsamen Freilichtmuseums ein, um auf ausgeschilderten Wegen den Rätischen Limes und ein originelles und einmaliges Limes-Tor kennen zu lernen.

Als man im Jahr 1873 dort nachgrub, konnte sich keiner erklären, was man da eigentlich gefunden hatte. Erst als man genau hundert Jahre später die Anlage erneut untersuchte, kam man darauf: Es war, so unwahrscheinlich es klingt, ein pompöses Tor

Dabei hatte es ganz bescheiden angefangen, mit einem einfachen Zaun aus einzeln stehenden Pfosten und einem Turm. Daraus war dann im Lauf der Jahre und Jahrzehnte ein Palisadengraben geworden, aus dem hölzernen Guckaus ein Steinturm. In einer vierten Phase war auch die Limesmauer aus Steinen ausgeführt, aus dem Turm war ein richtiges Gebäude, ein Torhaus geworden. So wird es auf Tafeln an Ort und Stelle erklärt.

Das Netzmauerwerk auf der »römischen« Torseite

im Limes; das Ganze so unwahrscheinlich, als wenn in der Berliner Mauer am Bahnhof Friedrichstraße ein marmorner Triumphbogen gestanden hätte, um den kleinen Grenzverkehr zu regeln.

Das alles war die übliche Entwicklung, auch an anderen Stellen des Limes. Doch nun das Besondere: Die Römer hatten eines Tages die südliche Fassade des Torhauses, also die zum römischen Besatzungsgebiet zeigende

Seite, wieder abgerissen und sie durch eine repräsentative, reich gegliederte Front ersetzt. Sie war mit Kalktuffsteinen verblendet und einem schmückenden Netzmauerwerk verziert. Heraus kam, mitten auf der Wiese, ein Prunktor, wie es bisher ohne Parallele und an einer Grenzmauer gegen die Barbaren völlig unsinnig ist. Die Lösung liegt vermutlich in den kläglichen Bruchstücken einer überlebensgroßen bronzenen Kaiserstatue, die man bei den Ausgrabungen fand und die wahrscheinlich über dem Torbogen in einer Mauernische aufgestellt gewesen war.

Warum gerade hier eine Kaiserstatue? Nun beginnt das Rechnen und Vergleichen und schon glaubt man, die Lösung zu haben: Im Jahr 213 war Kaiser Caracalla (er regierte 211–217) in Germania superior gewesen, um gegen die Alamannen vorzugehen. Das lässt sich sogar durch ein Zitat aus dem Jahr 213 belegen, wonach »unser Herr, der erhabenste Kaiser Marcus Aurelius Antoninus Augustus [Caracalla], im Begriff war, über den Limes von Rätien in das Gebiet der Barbaren vorzustoßen, um die Feinde mit Stumpf und Stiel zu vertilgen«.

Das Kastell in Aalen, das größte weit und breit und mit Sicherheit Caracallas Standquartier, war nur wenige Kilometer entfernt. Und schon sehen wir Kaiser Caracalla hier am Limes stehen und ins Feindesland hinüberblicken, wie man bei uns früher ausländische Politiker auf einem Podest am Brandenburger Tor in den Osten hinübergucken ließ. Oder noch besser: Da zog er mit seinen Kohorten durch,

vom römischen Süden in den barbarischen Norden, um wieder mal Ordnung zu schaffen, kam als Sieger zurück und bekam die Bronzestatue aufgestellt. Caracalla in Dalkingen, grüß Gott, wer hätte das gedacht.

Doch im Ernst: Es spricht vieles dafür, dass diese Version stimmt, und so können wir Spuren kreuzen, wenn wir im Torbogen hin- und herlaufen. Und so laufen auch wir hin und her und mehrfach drum herum, um alles anzusehen und es uns im wahrsten Sinne des Wortes begreiflich zu machen. Die Mauerstummel zum Beispiel, die von den Seitenmauern des Tores abgehen, sind noch ein Stück echter Limes, so, wie unter den am Weg entlanglaufenden Wällen auch noch Limes verborgen ist. Hier hörte einst ein Weltreich auf, hier begann der germanische Norden, bis um das Jahr 234 das Prunktor niederbrannte, sich die Grenzen verwischten und die Alamannen das Land in Besitz nahmen.

Fahren wir nun nach Aalen ins Limesmuseum, tauchen noch einmal in die Welt der Römer ein und lassen zum Schluss eine vergangene Welt Revue passieren.

Auf der Bundesstraße B 290 bei Schwabsberg nach Dalkingen abbiegen. Dort dem Schild »Limes Tor« folgen und in den Feldweg links abbiegen. Fährt man diesen Weg nach der Besichtigung einfach weiter, kommt man wieder auf die B 290 kurz vor Schwabsberg. Einfahrt auch von dieser Seite möglich, sogar ein Hinweisschild ist da – man übersieht es nur leicht.

Rechts vom Museum das Zentrum des riesigen Aalener Kastells

Aalen
und das Fazit

Zu guter Letzt nach Aalen, in jene Stadt, die das größte Römerkastell am Limes und seit einigen Jahren das bedeutendste Museum römischer Funde in ihren Mauern hat. Kein Wunder, dass Kaiser Caracalla hier Station machte. Mit etwa sechs Hektar Fläche war es das größte römische Reiterkastell nördlich der Alpen. Nach dem Statthalter in Augsburg gehörten die Kommandeure als Befehlshaber über tausend Reitersoldaten zu den höchsten Beamten der Provinz Rätien – schließlich gab es im gesamten Römischen Reich nur sieben Reiterkastelle dieser Größe.

Etwa hundert Jahre lang, von 150 bis etwa 260 nach Christus, kontrollierten die schnell beweglichen Reiter der Ala II Flavia von diesem strategisch günstigen Ort aus das rätische Grenzgebiet.

Die Gelehrten streiten sich darüber, ob die Stadt Aalen vielleicht gar nach dem Namen dieser Truppe benannt ist oder nicht eher nach dem Flussnamen »Aal«. Das alles klingt sehr gut. Aber nach den kümmerlichen Resten römischer Kastelle im Allgemeinen und des Böbinger Kastells im Besonderen fragt man sich auch hier ängstlich, was denn nun von der großen Vergangenheit heute noch übrig ist. Die Antwort: nicht einmal die Hälfte der Fläche.

Aber das, was übrig ist, ist riesig genug und bietet mehr als manch andere Ausgrabung, jedenfalls weit mehr als gepflegte Wiesen mit Statuen und Bodenmarkierungen wie in Köngen oder Welzheim. Hier ist es genau umgekehrt: Hier bewundern wir keine Kastellmauern mit leeren Innenflächen, sondern das sonst höchst selten erhaltene Zentralgebäude, die Kommandantur selbst, während die Viertel mit den Wohnbaracken der Reitersoldaten auf der einen Seite von Wohnhäusern, auf der anderen von einem Friedhof überdeckt sind.

Was übrig ist, die Luftaufnahme zeigt es am besten, ist der immer noch imponierend große Mittelstreifen von Tor zu Tor mit dem modernen Museum und der antiken Kommandantur samt langer Vorhalle, dem quadratischen Innenhof und dem Zimmertrakt mit Fahnenheiligtum und Fußbodenheizung. Hier kann man wie in einem Park lustwandeln, sich anhand der Texttafeln buchstäblich laufend weiterbilden und dabei den Aalener Stadtvätern heimlich Dankopfer darbringen. Sie hatten nämlich schon überlegt, den bisher unbebauten Mittelstreifen des Kastells auch noch zuzubauen. Als sich aber im trockenen Sommer 1976 auf Luftaufnahmen die Mauern im Graswuchs deutlich abhoben, war man derart beeindruckt, dass die Stadt Aalen und das Land Baden-Württemberg beschlossen, das Areal als archäologische Zone zu erhalten. Die Sicherungsarbeiten dauerten bis 1986. Auch das bereits 1964 auf dem Gelände eröffnete Museum wurde umgebaut, neu konzipiert und im Jahr 2000 noch einmal erweitert. Nun hat der Besucher die seltene Gelegenheit, an Ort und Stelle gleichzeitig im Park ansehnliche Gebäudereste und im Museum Originalfunde zu besichtigen.

Gehen wir also durch das Nordwesttor des Kastells auf der via principalis, der Hauptstraße des Lagers, ins Limesmuseum. Es lohnt sich, schon weil man gute alte Bekannte findet: Da steht sie ja, die altehrwürdige Jupitergigantensäule von Walheim, von der wir bisher nur Kopien gesehen haben. Da sind ja die Fragmente der Kaiserstatue des Caracalla von Dalkingen. Da liegt sie ja im Innenhof und lässt Wasser aus dem Krug plätschern – und tut so, als sei sie das Original – unsere

Das Limesmuseum wird jährlich von 40 000 Menschen besucht.

Quellnymphe vom Gmünder Schirenhof. Da sind ja die fast zweitausend Jahre alten Schuhe, die man im Brunnen von Welzheim gefunden hat – und noch dieses und jenes, das der eine oder andere wieder erkennt.

Schaubilder, Modelle und Originalfunde – für jeden ist etwas dabei.

Es ist alles da, was an die Römerzeit erinnert, systematisch geordnet und pädagogisch mit Schaubildern und Modellen aufbereitet: von Münzen bis Weihesteinen, von Schmuck bis Waffen, von Tonwaren bis zu Dachziegeln mit Tierspuren, von Rüstungen und Hausrat bis hin zu bedenklich unanständigen Figürchen. Es ist alles da, was man sich nur wünschen kann, nur die Cafeteria fehlt. Und die wäre bei jährlich 40 000 Besuchern und der Menge des Gebotenen nützlich, während sich die Kids als Römer verkleiden, bleischwere Kettenhemden anziehen und auf römischen Liegen räkeln können.

Wer erfahren will, was die Römer im deutschen Südwesten getan und hinterlassen haben – hier findet er es. Wer sich erinnern will, was er im Lauf der Zeit und anderswo gelernt oder gesehen hat – hier hat er Gelegenheit zum Vergleich.

Das Limesmuseum (Sankt-Johann-Straße 5, 73430 Aalen) ist gut ausgeschildert. (Nicht zu verwechseln mit den »Limes Thermen« am Stadtrand, einem modernen Hallenbad.) Öffnungszeiten: Di bis Fr 10 bis 12 und 13 bis 17 Uhr, Sa, So und feiertags durchgehend 10 bis 17 Uhr, Mo Ruhetag. Information und Führungen: Telefon (0 73 61) 96 18 19, Internet: www.aalen.de

Römischer Lastenaufzug

Stuttgart und die Römer-Museen

Allgemeine Landesmuseen, Abteilung Früh- und Vorgeschichte, haben den Reiz der Trostlosigkeit. Nach Mammutzähnen, Faustkeilen und Tonscherben aus der La-Tène-Zeit kommen unweigerlich die Römer und bieten Grabmäler, unlesbare Weihesteine und verwitterte Gottheiten feil. Eine wie die andere und, wie es auf den ersten Blick aussieht, überall die gleichen.

Still und allein atmet man hier den Staub der Jahrhunderte, so auch im Römischen Lapidarium in Stuttgart. Was man hier zu sehen bekommt, ist die unter dem württembergischen König Wilhelm I. am 17. Juni 1862 gegründete »Königliche Staatssammlung vaterländischer Kunst- und Altertumsdenkmale«. Eine Sammlung römischer Steindenkmäler, die bis ins Jahr 1583 zurückgeht und die zu den größten und ältesten in Deutschland zählt.

Gezeigt werden an die hundert mehr oder weniger gut erhaltene Exponate zu den Themen »Das Land und seine Bewohner«, »Das römische Heer«, »Religion des Heeres«, »Bauten des Heeres«, »Bürgerliche Berufe«, »Städte, Dörfer und Gemeinden«, »Totenkult« und »Religion«. Da aber jede pädagogische Aufbereitung und Anordnung der Exponate fehlt, die kargen Beschriftungen gelegentlich unten am Sockel in Fußbodenhöhe angebracht sind, sodass man sie nur lesen kann,

Über 100 Exponate zeigt das Stuttgarter Römische Lapidarium.

wenn man sich flach hinlegt, sie zum Teil aber auch ganz fehlen, ist die Ausstellung wohl noch nicht ganz auf dem modernen Stand der Museumstechnik angelangt.

Wen es doch ins Römische Lapidarium zieht, dem seien die Sonn- und Feiertage in der Zeit zwischen 10 und 12 sowie 14 und 17 Uhr empfohlen.

Römisches Lapidarium des Württembergischen Landesmuseums, Neues Schloss, Stuttgart. Eingang: bei der Jupitergigantensäule an der Planie.

Auswahl weiterer Museen

Augsburg
Römisches Museum
Dominikanergasse 15, 86150 Augsburg

Telefon (08 21) 3 24 - 41 30 oder - 41 31
www.augsburg.de
Öffnungszeiten
Di bis So 10–17 Uhr

Obwohl in Bayern gelegen, bietet die
Augsburger Sammlung viel Interessantes
zur Römerzeit im Schwäbischen.

Heidelberg
Kurpfälzisches Museum
Hauptstraße 97, 69045 Heidelberg

Telefon (0 62 21) 58 - 34 00 oder - 34 04
Öffnungszeiten
Di bis So 10–17 Uhr, Mi bis 21 Uhr

Anfang 1990er-Jahre völlig neu
gestaltet, guter Überblick über das
römische Heidelberg

Karlsruhe
Badisches Landesmuseum
Schloss, 76131 Karlsruhe

Telefon (07 21) 9 26 - 65 14 oder - 65 24
www.landesmuseum.de
Öffnungszeiten
Di bis Do 10–17 Uhr, Fr bis So 10–18 Uhr

Spektakulär: Sucellus und Nantosvelta,
das Götterpaar der keltischen Unterwelt

Konstanz
Archäologisches Landesmuseum, Außenstelle Konstanz
Benediktinerplatz 5, 78467 Konstanz

Telefon (0 75 31) 98 04 - 0
www.konstanz.alm-bw.de
Öffnungszeiten
Di bis So 10–18 Uhr

Mannheim
Reiss-Engelhorn-Museen
D 5, 68159 Mannheim

Telefon (06 21) 2 93 - 31 51
www.mannheim.de
Öffnungszeiten
Di und Do 10–17 Uhr; Mi 10–20 Uhr;
Fr 10–13 Uhr, Sa 12–17 Uhr, So 10–18 Uhr

Stuttgart
Württembergisches Landesmuseum
Schillerplatz 6, 70173 Stuttgart

Telefon (07 11) 2 79 - 0
www.landesmuseum-stuttgart.de
Öffnungszeiten
Di bis So 10–17 Uhr

Ubstadt-Weiher
Römermuseum Stettfeld
Marcellusplatz, 76698 Ubstadt-Weiher

Telefon (0 72 53) 7 02 98
www.roemermuseum-stettfeld.de
Öffnungszeiten
Februar bis November Mi 14–16 Uhr,
So 10–12 und 14–17 Uhr

Museum mit Funden einer Siedlung,
die nicht mehr existiert

Zu guter Letzt

Spolien –
die Kunst am falschen Ort

Gundelsheim (HN) – Kirchheim am Ries (AA) – Neckarsulm (HN) – Oln-hausen (HN) – Stetten-Rommels-hausen (WN) – Gräfenhausen (PF) – Wimsheim (PF) – Pliezhausen (RT) – Pfinztal-Söllingen (KA) – Königs-bach-Stein (PF) – Rißtissen (UL) – Ettlingen (KA) – Sankt Ilgen (HD) – Ellwangen (AA)

Wenn man gerade in der Nähe vorbeikommt, sollte man sich da und dort im Ländle ein paar römische Erinnerungen ansehen, die eine Extrafahrt nicht lohnen, zumal Ähnliches auch in Museen zu sehen ist. Sie haben aber ihren eigenen Reiz, weil sie jedes Mal an einer Stelle zu finden sind, wo sie gar nicht hingehören.

Ein typisches Beispiel dafür ist Gundelsheim im Kreis Heilbronn. Dort sollte man sich einen römischen Altar ansehen – nicht, weil er etwa künstlerisch wertvoll oder überhaupt sehenswert wäre, sondern weil er seit 500 Jahren an einer Stelle steht, wo man einen Jupiter- und Junoaltar nicht vermutet. Nämlich als Weihwasserstein in der Michaelskapelle auf dem Michaelsberg über Gundelsheim.

Für diesen überraschenden Tatbestand gibt es sogar einen Namen: Wenn man ein Kunstwerk oder einen Bauteil aus einer älteren Kultur in einen neuen Zusammenhang einfügt, nennt man das eingefügte alte Stück eine »Spolie« (vom lateinischen Wort spolium – »Beute«).

Hier also ist es gleich ein ganzer Altar, der da an der Südseite in einer Nische steht, 105 Zentimeter hoch und 46 Zentimeter breit, und in einer christlichen Kapelle die völlig falschen Gottheiten im üblichen lateinischen Steno verehrt: »I(ovi) o(ptimo) M(aximo) et Junoni reginae C(aius) Fabius Germanus B(ene)f(iciarius) Co(n)s(ularis) pro se et suis v(otum) s(olvit) L(aetus) L(ibens) M(erito)« zu Deutsch: »Jupiter, dem Besten und Größten, und der Königin Juno hat Caius Fabius Germanus, Gefreiter des Konsularlegaten, für sich und die seinen sein Gelübde eingelöst, froh freudig und nach Gebühr«.

Der liebe Gott wird's verzeihen, zumal in der Kirche Sankt Willibrord in Kleve-Rindern nahe der holländischen Grenze in Nordrhein-Westfalen ein solcher römischer Weihestein für den gallo-römischen Gott Mars Camulus nicht nur irgendwo am Rand steht, sondern tatsächlich heute in einer christlichen Kirche als Altartisch dient ...

Etwas Ähnliches hat auch die evangelische Martinskirche in Kirchheim am Ries im Ostalbkreis zu bieten. Dort entdeckte man 1981 bei Renovierungsarbeiten einen Weihealtar für den Sonnengott Sol, der seit dem Mittelalter, offenbar absichtlich auf den Kopf gestellt, als Basisstein des Altars diente. Seit der Renovierung steht er noch immer als Altarbasis an der gleichen Stelle im Chor – nur dass man ihn herumgedreht hat, sodass man nun auch die heidnische Inschrift lesen kann.

Wie ich schon sagte: Da es sich normalerweise nicht lohnt, wegen einer einzelnen Spolie eine ganze Expedition zu unternehmen, will ich hier wenigstens noch ein paar nennen und jedem die Entscheidung selbst überlassen. Das Problem ist dabei gelegentlich, dass es leichter ist, in die Bank von England einzubrechen, als unter der Woche eine evangelische Kirche von innen zu besichtigen.

Gleich die nächste Spolie, diesmal in Olnhausen bei Jagsthausen im Kreis Heilbronn, ist wieder innerhalb einer Kirche zu sehen. Der römische Weihestein für Jupiter und Juno ist neben der Kanzeltreppe eingemauert. Barmherzigerweise gebe ich hier nur die deutsche Übersetzung: »Jupiter, dem Besten, Größten, der Königin Juno und dieser Station hat Titus Flavius Vitalis aus Aelia Augusta (Augsburg), Soldat der 22. Legion, der allerersten, pflichtbewussten, getreuen, Gefreiter des Konsularlegaten, mit 26 Dienstjahren für sein und all der Seinen Wohl sein Gelübde eingelöst, froh, freudig und nach Gebühr, als der Kaiser Commodus Pius Felix zum fünften Mal und Glabrio Konsuln waren.« (186 nach Christus.)

Manche Spolien haben auch einen ganz profanen Ruheplatz gefunden. So guckt einen in Neckarsulm aus der Ostwand des Wohnhauses Urban-

Der Pliezhäuser Merkur ist auch als »Teufelchen« bekannt.

straße 14, gegenüber Schloss und Zweiradmuseum, auf einmal ein Jupiterkopf an, ganze 18 Zentimeter groß aus hell gestrichenem Sandstein.

Eindrücklicher sind da schon die Relikte am Kirchturm von Gräfenhausen bei Birkenfeld (bei Pforzheim). Hier ist gleich ein ganzer, 120 Zentimeter hoher Viergötterstein außen am Kirchturm so als Eckstein eingemauert, dass man auf der einen Seite Herkules und auf der anderen Minerva sehen kann. (Nicht zu sehen sind wahrscheinlich Juno und Merkur.) Auch das sind alles keine Kunstwerke und zudem ramponiert, aber man freut sich, wenn man Herkules erkennt, nackt und mit dem obligaten Löwenfell über der linken Schulter und der Keule in der rechten Hand, und um die Ecke Minerva im langen Gewand, dem Chiton, das durch einen Gürtel zusammengehalten wird, dem Medusenhaupt auf der Brust und in der hocherhobenen Rechten die Lanze.

Nicht genug damit: Am gleichen Kirchturm, aber in einer Nische auf der Ostseite, ist noch ein Juno-Relief eingemauert, leider nur noch bis zu den Knien erhalten. Man erkennt, dass die Göttin in der erhobenen Linken ein Szepter hält und in der Rechten die Opferschale.

Bleiben wir beim Viergötterstein, aber wechseln wir die Kirche. Wir sind jetzt in Wimsheim bei Pforzheim. Auch hier sind zwei Seiten des Steines zu sehen: Juno auf der einen Seite, mit einem Weihrauchkästchen in der linken Hand vor einem Altar, und auf der anderen Merkur im Mäntelchen und Flügelhut, den Schlangenstab in der Rechten und einen Geldbeutel in der Linken.

Ein ähnlicher Merkur mit Flügelhut und Mäntelchen erwartet uns in Pliezhausen bei Reutlingen. Dort ist er links vom Eingang der Kirche kurioserweise liegend in die Wand eingemauert, den Schlangenstab in der Linken und den Beutel in der Rechten, das Ganze über einem einsamen steinernen Kopf, der in die Wand eingelassen ist – eine wenig anheimelnde Ecke.

In Pfinztal-Söllingen bei Karlsruhe treffen wir an der östlichen Außenwand der Kirche auf das Relieffragment eines Herkules mit nacktem Oberkörper und dem Rest eines Löwenfells über dem Kopf, auch er wahrscheinlich der Rest eines Viergöttersteins.

Die keltische Göttin Epona ist in der nordwestlichen Außenmauer der evangelischen Kirche in Königsbach-Stein im Enzkreis eingemauert, erkennbar am typischen Damensitz auf dem Pferd.

Ein wahre Orgie von Spolien, nämlich gleich sieben Stück auf einmal, bietet die Pfarrkirche von Rißtissen im Alb-Donau-Kreis. Beim Neubau der Pfarrkirche 1784 hatte man in der Vorgängerkirche römische Steindenkmäler gefunden, die nun auch in der neuen Kirche wieder außen eingemauert wurden. Sie stammen aus dem nahebei liegenden (aber nicht erhaltenen und zum Teil überbauten) römischen Kastell und dem davor liegenden vicus.

Numero 1 und 2 sind lateinische Weiheinschriften und daher für uns nicht sonderlich spannend. Numero 3 an der Südwestecke der Kirche zeigt zwei Reliefs: auf dem einen zwei Männer in kurzen Gewändern, die zwischen sich an einer langen Stange einen erlegten Bären oder Eber tragen und auf dem anderen einen rückwärts schauenden Mann mit einem Jagdspieß über der Schulter, an dem ein Netz hängt. Vor ihm ist ein Baum abgebildet. Beide Reliefs also Jagdszenen.

Auch die nächsten beiden Reliefs sind Teil eines Ecksteins, und diesmal sind es mythologische Szenen. Auf dem einen wird Daphne gerade in einen Lorbeerbaum verwandelt, da sie das Liebeswerben Apollos zurückgewiesen hat. Man sieht, wie sich die Finger der Hände gerade in Blätter umbilden. Entsetzt eilt mit abgewandtem Gesicht eine Gespielin herbei. Die andere Seite zeigt zwei geflügelte Eroten. Stein Numero 5: noch einmal zwei Eroten. Stein Numero 6: eine Kampfszene, vielleicht ein Centaurenkampf. Man kann es schwer erkennen, da die Steine inzwischen sehr verwaschen sind. Und schließlich Numero 7, auch stark zerstört: Herakles raubt den heiligen Dreifuß in Delphi.

Wer's bequem haben will: In der etwa 200 Meter entfernten Kastellschule sind im Vorhof eines kleinen Museums die Nachbildungen der Reliefs in bequemer Augenhöhe aufgestellt. Zuletzt noch die Frage: Woher stammen diese Reliefs? Sie gehören wahrscheinlich zu einem turmartigen

Grabmal, wie es in der römischen Provinz Gallia Belgica und in Germanien üblich war. Das bekannteste Beispiel ist das 23 Meter hohe Grabmal in Igel bei Trier.

Jetzt aber, bevor wir das Kapitel mit zwei Beispielen nicht-religiöser Spolien beschließen, noch eine merkwürdige und undurchsichtige Geschichte. Dazu fahren wir nach Ettlingen bei Karlsruhe und zu einem Neptunstein an der Ostwand des Rathauses. Das Relief zeigt Neptun mit dem Dreizack in der Linken und einem Fisch in der Rechten, begleitet von einem flossenfüßigen Meeresungeheuer, also das Übliche. Aus einer Inschrift geht hervor, dass der Stein von einem Cornelius Aliquandus seiner Schiffergenossenschaft gewidmet wurde. Schiffergenossenschaft? Eine zweite Inschrift erzählt: Der Stein wurde 1480 oberhalb von Ettlingen bei einer Albüberschwemmung gefunden. Das Fundstück wurde daraufhin in Ettlingen an der Albbrücke beim Rathaus aufgestellt.

Dort sah es 1511 Kaiser Maximilian I. bei einem Besuch der Stadt und erbat es zum Geschenk. Und nun geht die Odyssee los: Der Neptun kommt nach Weißenburg im Elsass, von dort nach Hagenau zum kaiserlichen Landvogt, der ihn wiederum an den Deutschordensmeister auf Schloss Horneck bei Gundelsheim am Neckar weitergibt. 1550 erhalten die badischen Markgrafen Philibert und Christoph den Stein zurück, 1554 lassen Gemeinderat und Bürgerschaft von Ettlingen den Stein wieder an der alten Stelle aufstellen. War's das nun? Nein.

15 Jahre später, nach dem Tod des Markgrafen Philibert, geht Neptun wieder auf Wanderschaft, diesmal nach Bayern: Der Vormund des noch unmündigen badischen Thronfolgers hatte das Relief Herzog Albrecht von Bayern geschenkt. Kaum aber war Philipp II. mündig, drängten ihn die Ettlinger, das gute Stück aus München zurückzuholen. Und so geschah es. Die Ettlinger bekamen »ihren Abgott« wieder, diesmal endgültig, und mauerten ihn im Rathaus ein, wo man ihn heute noch bestaunen kann. Doch damit ist die Geschichte noch nicht zu Ende. 1748 entdeckte man in einem Keller in Baden-Baden den gleichen Stein noch einmal. Sie waren zum Verwechseln ähnlich, nur mit dem Unterschied, dass dem Baden-Badener Neptun der Kopf fehlte und die Texte beschädigt waren, während der Ettlinger Neptun wunderbar erhalten war. Aber nun fiel auf, dass der Kopf des unbeschädigten Ettlinger Neptuns eigentlich gar nicht römisch aussah. Es war der Art nach ein reiner Renaissance-Kopf auf einem echt römischen Relief. Da das nicht geht, blieb nur die Schlussfolgerung: Irgendwann, vermutlich im 15. Jahrhundert, als Neptun auf Reisen ging, hat man vom Original eine Kopie angefertigt. Dann wäre die Spolie in Ettlingen eine Kopie aus der Renaissance, während das kopflose Relief in Baden-Baden (jetzt im Badischen Landesmuseum) das Original wäre. Aber wie und warum kam dann das Origi-

nal nach Baden-Baden, wer hat ein heidnisches Denkmal kopieren lassen und warum? »Mysteriös« und »abenteuerlich« sind daher Bezeichnungen, die im Zusammenhang mit dem Ettlinger Neptun immer wieder verwendet werden.

Zum Schluss noch zwei Spolien profaner Art. Über dem Eingang zur Sakristei ist im Chor der spätromanischen katholischen Kirche Sankt Aegidus in Sankt Ilgen bei Heidelberg ein Jüngling im Format von 50 mal 40 Zentimeter dargestellt, der mit erhobenem rechten Arm eine Traube an den Mund führt. Ausnahmsweise einmal eine Plastik von guter Qualität. Man vermutet, dass dieser Jüngling irrtümlich hier gelandet ist: Was man für ein christliches Thema hielt, dürfte eher eine Gestalt aus dem Gefolge des Gottes Dionysos/Bacchus gewesen sein. Da die Plastik von einem Grabrelief stammt, erinnert sie wohl daran, dass sich die Glücklichen im Jenseits im heiligen Rausch des Weines mit Dionysos selbst verbanden.

Und schließlich in Ellwangen (Jagst) ein überlebensgroßer, 37 Zentimeter großer vollplastischer Kopf einer Frau aus hellgrauem Sandstein, ein lebendiges Gesicht mit tiefliegenden Augen, das wellige Haar am Scheitel mit einem ovalen Schmuckstück verziert. Man weiß nicht: Gehörte der Kopf zu einer Grabstatue oder war er wegen seiner Größe der Kopf einer Göttin? Wir wissen es nicht und sie blickt weiterhin an der Ostseite der Stiftskirche aus einer Höhe von zehn bis 15 Metern auf uns herab.

Zeittafel

387 v. Chr.
Keltenheere fallen mehrfach in Italien ein und erobern Rom, gründen unter anderem Verona, kommen 279 bis nach Delphi und gründen in Kleinasien die Siedlung Galatien.

113–101 v. Chr.
Kimbern und Teutonen fallen ins Römische Reich ein und werden in Oberitalien und Südfrankreich zurückgeschlagen.

59–44 v. Chr.
Julius Cäsar

58–50 v. Chr.
Gallischer Krieg. *Cäsar* erobert Gallien, das Gebiet zwischen Rhein und Atlantik, Mittelmeer und Nordsee.

58 v. Chr.
Helvetierkrieg

55 v. Chr.
Erster Rheinübergang

54 v. Chr.
Britannienexpedition

53 v. Chr.
Zweiter Rheinübergang

52 v. Chr.
Belagerung des Vercingetorix in Alesia durch *Cäsar*

27 v. Chr.–14 n. Chr.
Augustus

27–26 v. Chr.
Augustus in Gallien und Spanien

15 v. Chr.
Drusus, der Stiefsohn des *Augustus*, zieht mit seinen Legionen über Bozen ins Inntal und dann die Donau aufwärts bis zum Bodensee, wo er seinen Bruder *Tiberius* (den späteren Kaiser) trifft, der vom Rhonetal gekommen war.

12–9 v. Chr.
Drusus stößt von Gallien aus in vier Expeditionen zur Nordsee, zur Weser, in die Wetterau und fast bis zur Elbe vor.

9 v. Chr.
Tiberius bestattet seinen tödlich verunglückten Bruder *Drusus* in Mainz und setzt dessen Züge rechts des Rheins fort.

7 v. Chr.
Tiberius feiert in Rom summarisch die angebliche »Unterwerfung Germaniens«.

9 n. Chr.
Schlacht im Teutoburger Wald. Verheerende Niederlage der Römer unter *Varus*

10–20
Gründung der Provinz Rätien

13–16
Versuch des Germanicus, Germanien in mehreren Feldzügen zurückzuerobern

14–37
Tiberius

17
Aufgabe der Eroberungspläne, Rückzug über den Rhein. Trotzdem triumphiert Germanicus über die angeblich »bis zur Elbe besiegten Völker«.

30–50
Donaukastelle werden errichtet.

37–41
Caligula

41–54
Claudius

54–68
Nero

68–69
Galba, Otho, Vitellius

69–79
Vespasian

73–74
Die Römer besetzen Teile des Schwarzwaldes und stoßen bis zum Neckar vor, um nördlich der Alpen die Ost-West-Verkehrsverbindung zwischen Straßburg, Augsburg und dem Reschenpass zu sichern.

74
Heerstraße von Straßburg durchs Kinzigtal über Rottweil zur Donau wird angelegt.

77–84
Rom erobert Britannien bis hinauf zum Firth of Forth.

79–81
Titus

81–96

Domitian

um 85

Domitian teilt nach dem Verlust der rechtsrheinischen Gebiete nach der Niederlage des *Varus* die verbliebenen Teile im Rheintal und in Süddeutschland in Unter- und Obergermanien, in Germania inferior und Germania superior ein und feiert diese Festlegung auf Münzen mit der Aufschrift »Germania capta« – Germanien ist unterworfen. Er beginnt Grenzwälle zu bauen.

seit 89

Unter *Domitian* nimmt *Trajan* für fast ein Jahrzehnt an den Kämpfen an Rhein und Donau teil.

96–98

Nerva

98–117

Trajan

um 100

Während seiner Regierungszeit baut *Trajan* im Taunusgebiet, der Wetterau sowie im Odenwald, im Neckargebiet und auf der Schwäbischen Alb den Limes mit Kastellen und Wehranlagen aus. Auf der Trajanssäule in Rom sind diese Anlagen dargestellt. Unter seiner Herrschaft erfährt das römische Weltreich seine größte Ausdehnung.

117–138

Hadrian

Hadrian errichtet in Schottland den nach ihm benannten Hadrianswall und setzt in Süddeutschland den Ausbau des Limes fort.

um 130

Errichtung einer durchgehenden Limespalisade. Kastelle werden in Stein gebaut.

138–161

Antoninus Pius

um 155

Der Limes wird auf die Linie Miltenberg, Lorch, Aalen nach Osten vorverlegt. Gründung des Kastells Aalen.

161–180

Mark Aurel

166

Das Römische Reich wird gleichzeitig an Rhein, Donau und Euphrat durch Aufstände, Krieg und Einfälle bedroht. Ab 166 ständige Vorstöße der Donauvölker nach Oberitalien, Kleinasien und Griechenland. Die Völkerwanderungszeit kündigt sich an.

180–192

Commodus

193–195

Fünfkaiserzeit

193–211

Septimius Severus

um 200

Errichtung der Limesmauer in Rätien, Ausbau des Obergermanischen Limes mit Wall und Graben

211–217

Caracalla

213

Kaiser *Caracalla* besiegt die Alamannen am Main und baut den Rätischen Limes aus. Im gleichen Jahr stößt er bei Dalkingen über den Rätischen Limes nach Norden vor. Bis 260 werden die Alamannen wenigstens fünf mal zurückgeschlagen.

218–222

Elagabal

222–235

Severus Alexander

235–285

Zahlreiche »Soldatenkaiser«

259

Germaneneinfälle über den Limes

260

Der Obergermanisch-Rätische Limes bricht zusammen. Nach diesem Jahr fehlen jegliche Berichte über Truppen am Limes. Das Limesgebiet ist verloren.

277

Franken und Alamannen sind bis zum Neckar und der Schwäbischen Alb vorgedrungen. Römisch ist nur noch das Gebiet um Isny im Allgäu und Breisach am Rhein. Westgoten, Vandalen und Sueben errichten eigene Königreiche.

284–305

Diokletian

290–300

Erste germanische Siedlungen im früheren Limesgebiet

Römerliteratur

Bechert, Tilman |
Römische Archäologie
in Deutschland.
Geschichte, Denkmäler,
Museen
Stuttgart 2003

Beck, Willi ·
Planck, Dieter |
Der Limes in
Südwestdeutschland.
Limeswanderweg
Main – Rems – Wörnitz
Stuttgart 1980

Bringmann, Klaus |
Römische Geschichte.
Von den Anfängen
bis zur Spätantike
München 1995

Cäsar, Gaius Julius |
De bello Gallico –
Der Gallische Krieg.
Lateinisch/deutsch,
übersetzt und herausge-
geben von André Lampert
München 1972

Cäsar, Gaius Julius |
De bello Gallico –
Der Gallische Krieg.
Lateinisch/deutsch, über-
setzt und herausgegeben
von Marieluise Deissmann
Stuttgart 1980

Carroll, Maureen |
Römer, Kelten und
Germanen.
Leben in den germa-
nischen Provinzen Roms
Stuttgart 2003

Christ, Karl |
Die römische Kaiserzeit.
Von Augustus
bis Diokletian
München 2001

Clauss, Manfred |
Die römischen Kaiser
55 historische Porträts
von Caesar bis Iustinian
München 1997

Crawford, Michael |
Die römische Republik.
München 1984

Cunliffe, Barry |
Die Kelten und ihre
Geschichte.
Bergisch-Gladbach 2000

Döbler, Hannsferdinand |
Die Germanen –
Legende und Wirklichkeit
von A–Z.
Ein Lexikon zur euro-
päischen Frühgeschichte
Gütersloh 1975

Eck, Werner |
Augustus und seine Zeit.
München 1998

Erdmann, Elisabeth |
Leben unter römischer
Herrschaft.
Die Römerzeit im
heutigen Baden-Württem-
berg. Villingen-
Schwenningen 1986

Filtzinger, Philipp ·
Planck, Dieter ·
Cämmerer, Bernhard (Hg.) |
Die Römer in
Baden-Württemberg
Stuttgart 1976

Filtzinger, Philipp |
Limesmuseum Aalen.
Herausgegeben von der
Gesellschaft zur Förde-
rung des Württembergi-
schen Landesmuseums
Stuttgart 1983

Grant, Michael |
Roms Cäsaren.
Von Julius Cäsar
bis Domitian
München 1978

Handbuch der baden-
württembergischen
Geschichte, Band I,
Allgemeine Geschichte,
1. Teil, Von der Urzeit
bis zum Ende der Staufer.
Veröffentlichung der
Kommission für Ge-
schichtliche Landeskunde
in Baden-Württemberg
Stuttgart 2001

Heiligmann, Karin |
Sumelocenna –
Römisches Stadtmuseum
Rottenburg am Neckar
2., neubearbeitete
und erweiterte Auflage
Stuttgart 2003

Hertlein, Friedrich |
Die Römer in
Württemberg. Band I.
Die Geschichte der
Besetzung des römischen
Württemberg
Stuttgart 1928

Hertlein, Friedrich ·
Goeßler, Peter |
Die Römer in
Württemberg. Band II.
Die Straßen und Wehr-
anlagen des römischen
Württemberg
Stuttgart 1930

Kemkes, Martin ·
Scheuerbrandt, Jörg ·
Willburger, Nina |
Am Rande des Imperiums.
Der Limes – Grenze
Roms zu den Barbaren
Herausgegeben
vom Württembergischen
Landesmuseum
Stuttgart 2002

Maier, Bernhard |
Die Kelten.
Ihre Geschichte von
den Anfängen
bis zur Gegenwart
München 2000

Paret, Oscar |
Die Römer in
Württemberg. Band III.
Die Siedlungen des
römischen Württemberg
Stuttgart 1932

Planck, Dieter |
Das Freilichtmuseum
am rätischen Limes
im Ostalbkreis.
Führer zu archäolo-
gischen Denkmälern
in Baden-Württemberg,
herausgegeben vom
Landesdenkmalamt
Baden-Württemberg
Stuttgart 1983

Plutarch |
Große Griechen und
Römer.
Aus dem Griechischen
übertragen, eingeleitet
und erläutert von Konrad
Ziegler
München 1979

Rabold, Britta ·
Schallmayer, Egon ·
Thiel, Andreas |
Der Limes.
Die deutsche Limes-Straße
vom Rhein bis zur Donau,
herausgegeben vom Verein
Deutsche Limes-Straße
Stuttgart 2000

Sueton |
Leben der Cäsaren
(De vita Caesarum).
Übersetzt und herausge-
geben von André Lampert
München 1972

Tacitus, P. Cornelius |
Germania – Bericht über
Germanien.
Lateinisch-deutsch,
übersetzt, kommentiert
und herausgegeben von
Josef Lindauer
München 1975

Wolters, Reinhard |
Die Römer in Germanien
München 2000

Orts- und Personenregister

Bildnachweis

Johannes Lehmann
*54, 55, 57, 60, 62, 76, 82, 86, 87, 90, 101
(rechts), 103, 111, 114 (oben), 119, 122,
126, 127, 131 (beide), 151, 152, 164 (oben)*

Archiv Johannes Lehmann
10

Otto Braasch/Landesdenkmalamt
Baden-Württemberg
*27, 30 (links), 89, 95, 108, 115, 118, 121,
129, 133, 137, 146, 147, 150, 153, 154,
159, 162*

Rolf Gensheimer/Landesdenkmalamt
Baden-Württemberg
81

Rainer Fieselmann
*29, 30 (rechts), 31, 32 (rechts), 34, 35, 56,
64, 66, 67, 88, 117, 120, 135, 163*

Stadtarchiv Rottenburg am Neckar/
Römerstraße Neckar-Alb
*91, 92 (beide), 96, 101 (links), 105, 106,
110, 112, 113, 114 (unten), 116, 168*

Ulrich Sauerborn
*2, 32 (links), 33, 63, 70 – 72, 149, 160,
164 (unten), Hinterer Vorsatz (Foto)*

hundert2prozent, Stuttgart
13, 17, 21, 49, 61, Hinterer Vorsatz (Karte)

Claudia Gollor-Knüdeler
28, 68, 138 – 143, 145

Archiv Silberburg-Verlag
*9, 11, 14, 16 (beide), 19, 20, 22, 23, 39, 41,
46, 51, 93, 100, 144, 148*

Römermuseum Villa urbana, Heitersheim
53, 58, 79, 80

Badenweiler Thermen und Touristik GmbH
59, 74, 75

P. Heinzelmann, Heidenheim an der Brenz
155 – 157

Römisches Freilichtmuseum
Hechingen-Stein
Vorderer Vorsatz

Thomas Stephan
42, 43

Carasana Bäderbetriebe, Baden-Baden
84, 85

Württembergisches Landesmuseum
Stuttgart
123, 165

Römermuseum Mengen-Ennetach
98, 99

Heuneburgmuseen, Herbertingen-
Hundersingen
44 (beide)

Rose Hajdu
40

Maria Lehmann
7

Stadt Benningen am Neckar
125

Tourist-Information Rottweil
104

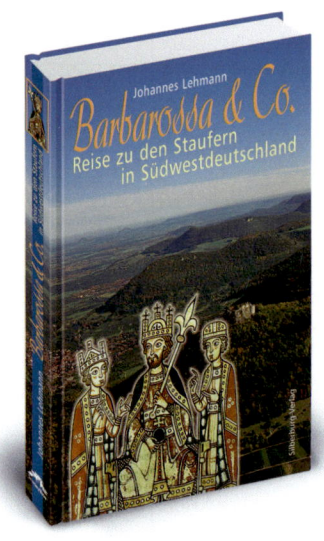

● Friesenhei

Schrar
Waldm

● Freiburg

● Heitersheim

● Badenweiler

0 5 10   20   30

Stätten der Römerzeit

Auf den Spuren der Römer
in Südwestdeutschland